LEKTÜRESCHLÜSSEL
FÜR SCHÜLERINNEN UND SCHÜLER

Hermann Hesse
Unterm Rad

Von Georg Patzer

Philipp Reclam jun. Stuttgart

Dieser Lektüreschlüssel bezieht sich auf folgende Textausgabe:
Hermann Hesse: *Unterm Rad*. Frankfurt a. M.: Suhrkamp, 2000.
(stb. 3368.)

RECLAMS UNIVERSAL-BIBLIOTHEK Nr. 15340

Gesamtherstellung: Reclam, Ditzingen
Printed in Germany 2010
RECLAM, UNIVERSAL-BIBLIOTHEK und
RECLAMS UNIVERSAL-BIBLIOTHEK sind eingetragene
Marken der Philipp Reclam jun. GmbH & Co. KG, Stuttgart
ISBN 978-3-15-015340-6

www.reclam.de

Inhalt

1. Erstinformation zum Werk

Hermann Hesse ist weltweit der meistgelesene deutschsprachige Autor des 20. Jahrhunderts. Vor allem in den USA werden seine Romane *Der Steppenwolf*, *Siddhartha* und *Das Glasperlenspiel*, geschätzt wegen ihres psychoanalytischen, psychedelischen, ostasiatischen oder humanistischen Hintergrunds, immer wieder neu aufgelegt.

Hermann Hesse wurde am 2. Juli 1877 in Calw im nördlichen Schwarzwald geboren, begann bereits früh zu schreiben und hatte schon mit seinem ersten Roman *Peter Camenzind* (1904) so viel Erfolg, dass er als freier Schriftsteller leben konnte. *Unterm Rad* ist sein zweiter Roman. Von seinen Bucheinnahmen konnte sich Hesse 1907 ein Haus am Bodensee bauen, 1912 zog er in die Schweiz und siedelte 1919 nach Montagnola im Tessin um, wo er bis zu seinem Tod 1962 lebte. 1946 bekam er, auch wegen seiner moralisch untadeligen Haltung während des Zweiten Weltkriegs, den Nobelpreis für Literatur und den Goethepreis der Stadt Frankfurt.

Einzelgänger im Werk

Die meisten seiner Werke beschreiben Einzelgänger, die gegen alle Widerstände und Zwänge der Gesellschaft ihren eigenen Weg suchen. Die Entwicklung der eigenen Persönlichkeit, die Selbstverwirklichung und Ich-Suche, gegen die Widerstände aus Umwelt, Erziehung, Elternhaus und Konventionen, ist stets Hesses Hauptanliegen gewesen.

Wie fast alle seine Werke ist auch *Unterm Rad* autobiografisch geprägt. Von Anfang Oktober 1903 bis Anfang August 1904 lebte Hesse in seiner Geburtsstadt Calw, wo seine Erzählung in nur zwei Monaten entstand. Am 28. Dezember 1903 schickte er das Manuskript an seinen Verlag S. Fischer, vom 5. April bis 17. Mai 1904 erschien die Geschichte in 35 Lieferungen als Vorabdruck in der *Neuen Zürcher Zeitung*. Als Buch kam *Unterm Rad* im Oktober heraus, im Untertitel »Roman« genannt, als Erscheinungsdatum ist in der Erstausgabe das Jahr 1906 angegeben. Erst ab 1927, mit der Aufnahme in die *Gesammelten Werke*, wird *Unterm Rad* als Erzählung bezeichnet.

Der Stoff

Verarbeitung von eigenen Erfahrungen

Hesse verarbeitet in *Unterm Rad* vor allem eigene Erfahrungen mit der Schule und dem Elternhaus, aber auch das Leiden, das er bei seinem jüngeren Bruder Hans miterlebte. Ebenso wie Hans Giebenrath in *Unterm Rad* machte Hesse das »Landexamen«, auf das er sich in der schwäbischen Kleinstadt Göppingen vorbereitete. Ab Herbst 1891 war er im Klosterseminar Maulbronn, einer Eliteschule, die in ihrer Auswahl allein intellektuelle Fähigkeiten berücksichtigte. Nach einem guten Anfang verweigerte sich Hesse, lief weg, wurde von der Polizei eingefangen und streng bestraft. Seine Leistungen ließen immer mehr nach. Im Mai 1892 ließ sein Vater ihn die Schule abbrechen. Er kam zu einem Theologen, der ihn gesundbeten wollte, dann wurde Hesse in eine Nervenheilanstalt gesteckt. Aber man erkannte doch, dass er nur eine normale Krise durchmachte.

Anschließend besuchte Hesse für ein Jahr ein Gymnasium, versuchte sich drei Tage als Buchhändlerlehrling im schwäbischen Esslingen, bis er schließlich 1894 in der mechanischen Werkstatt der Turmuhrenfabrik Heinrich Perrot in seiner Heimatstadt Calw eine Lehre begann. Eineinhalb Jahre, bis Mitte September 1895, arbeitete er dort. Im Oktober 1895 begann Hesse eine Buchhändlerlehre in Tübingen, in der noch heute bestehenden Buchhandlung Heckenhauer. Vier Jahre blieb er, 1899 kehrte er stolz nach Calw zurück, mit einem anerkannten Beruf und einem guten Abgangszeugnis, zudem hatte er bereits zwei Bücher publiziert (vgl. S. 80). Etwas später ging er in eine Baseler Buchhandlung und veröffentlichte 1900 die Prosa- und Lyriksammlung *Hinterlassene Schriften und Gedichte von Hermann Lauscher*. Durch dieses Buch wurde der Verleger Samuel Fischer auf ihn aufmerksam: Sein nächstes Buch, *Peter Camenzind*, bei S. Fischer erschienen, machte Hesse berühmt.

Nicht nur sein eigenes Leid, sondern auch das seines jüngeren Bruders Hans hat Hesse zu *Unterm Rad* angeregt. Über ihre Schulzeit schrieb er am 25. November 1904 in einem Brief: »Die Schule ist die einzige moderne Kulturfrage, die ich ernst nehme und die mich gelegentlich aufregt. An mir hat die Schule viel kaputtgemacht, und ich kenne wenig bedeutendere Persönlichkeiten, denen es nicht ähnlich ging. Gelernt habe ich dort nur Latein und Lügen, denn ungelogen kam man in Calw und im Gymnasium nicht durch, wie unser Hans beweist, den sie ja in Calw, weil er ehrlich war, fast umbrachten. Der ist auch, seit sie ihm in der Schule das Rückgrat gebrochen haben, immer unterm Rad geblieben.« In seinen *Erinnerungen an Hans* schrieb er später: »Es sind mehrere schlechte Lehrer dagewesen, und einer von ihnen, ein richtiger kleiner Teufel, hat ihn bis zur Verzweiflung gequält.«[1]

Erinnerungen an Hans

Hesse machte die Schule mitverantwortlich für den Selbstmord seines Bruders 1935, den »die fromme Pädagogik«[2] gebrochen habe. Denn Hans, der nach der Schulzeit ein Handwerk lernte, litt zeitlebens unter mangelndem Selbstvertrauen. Das hatte Hermann Hesse schon dreißig Jahre zuvor sehr genau erkannt und in seinem Roman *Unterm Rad* angeprangert.

2. Inhalt

Zusammenfassung

Unterm Rad erzählt von dem jungen, begabten Hans Giebenrath, Sohn eines nicht sehr wohlhabenden Händlers in einer kleinen Stadt im Schwarzwald. Er bekommt die Chance, das »Landexamen« in der Landeshauptstadt Stuttgart zu machen und, nach dem Bestehen, mit einem Stipendium ein theologisches Seminar und später das Tübinger Stift zu absolvieren. Damit ist für ihn der soziale Aufstieg gesichert. Von seinem Vater und den Lehrern wird er gefördert, aber auch gefordert, auch er selbst ist sehr ehrgeizig. Nur der pietistische, fromme Schuhmacher Flaig macht sich Sorgen um ihn.

In Stuttgart unterliegt Hans Giebenrath mehrere Tage dem Druck des Landexamens, aber er besteht das Examen als Zweiter. In den sieben Wochen Ferien, in denen er sich eigentlich ausruhen will, beginnt er Griechisch, Hebräisch und Mathematik zu pauken, als Vorbereitung auf das Seminar. Hans kommt in ein Internat im Kloster Maulbronn, wo er mit vierzig anderen Jungen lernt, auch hier will er zunächst Bester sein. Er freundet sich mit Hermann Heilner an, einem eigenwilligen Jungen, der als Schwärmer und Dichter keinen guten Ruf hat und später von der Schule verwiesen wird. Hans' Leistungen werden immer schwächer, er leidet, hat Kopfschmerzen und Visionen und sogar einen Nervenzusammenbruch. Er muss die Schule verlassen.

Sein Vater beschließt, ihn eine Lehre bei einem Mechaniker im Ort machen zu lassen. Bei einem Fest in der Heimatstadt verliebt sich Hans in Emma, die Nichte des Schuhmachers, aber sie spielt nur mit ihm und verlässt einen Tag später die Stadt, ohne sich von ihm zu verabschieden. Nach einem Wirtshausbesuch mit Mechanikergesellen kehrt Hans nicht mehr zurück, am nächsten Tag findet man seine Leiche im Fluss.

1. Kapitel

Hans Giebenrath ist der begabte Sohn des Händlers Joseph Giebenrath in einer kleinen Stadt im nördlichen Schwarzwald, seine Mutter lebt nicht mehr. Der Vater ist ein durchschnittlicher Mensch, der ohne große geistige Fähigkeiten und ohne ausgeprägtes Gefühlsleben ein normales Leben führt. Hans dagegen ist auffallend begabt, Lehrer, Rektor, der Stadtpfarrer und die Nachbarn bemerken das. Wegen seiner guten schulischen Leistungen ist Hans als Einziger aus dem Städtchen ausgewählt worden, das Landexamen zu machen. Wenn er besteht, kann er mit einem Stipendium ein theologisches Seminar und im Anschluss das Tübinger Stift besuchen. Den Besuch eines Gymnasiums könnte sich der nicht sehr wohlhabende Vater für seinen Sohn nicht leisten. Nach der Schule muss Hans also weiter lernen: »An die Schulstunden, die täglich bis vier Uhr dauerten, schloß sich die griechische Extralektion beim Rektor an, um sechs war dann der Herr Stadtpfarrer so freundlich, eine Repetitionsstunde in Latein und Religion zu geben, und zweimal in der Woche fand nach dem Abendessen noch eine einstündige Unterweisung beim Mathematiklehrer statt« (9f.). Als Entspannung wird Hans jeden Morgen in den Konfirmandenunterricht geschickt, wo er Fragen und Antworten aus dem Katechismus

Extralektionen

memorieren muss. Bis spät in die Nacht muss er lernen und seine Hausaufgaben machen, selbst auf seinen Spaziergängen soll er ein Buch mitnehmen. Aber Hans lernt gern: Er ist selbst anspruchsvoll und möchte an der Spitze stehen. Seine große Erschöpfung wird vom Rektor als Vergeistigung angesehen und freudig begrüßt.

Am Abend vor dem Examen bekommt er vom Rektor den Rat, nichts mehr zu lernen, sondern sich den letzten Abend auszuruhen, er bummelt durch den Ort, steht an der Brücke und erinnert sich sehnsüchtig daran, welche Freude ihm das Angeln machte: »Das hatte er nun auch fast verlernt und vergessen […]. Das war doch das Schönste in all den langen Schuljahren gewesen« (13). Er merkt noch einmal, wie zerstreut er in der letzten Zeit gewesen ist, als ihn über-raschend der Schuhmachermeister Flaig anspricht. Der ist ein freundlicher Mann, ein frommer Pietist, bei dem er früher öfter gewesen ist, in letzter Zeit aber nicht mehr, weil er spürt, dass Flaig ihn, seit er wegen seiner Schulerfolge etwas hochmütig geworden ist, »zu demütigen suchte« (14). Flaig wünscht Hans viel Glück und sagt ihm, er solle sich nicht grämen, wenn er das Examen nicht bestehe, weil »Gott mit jeder Seele seine besondern Absichten habe und sie eigene Wege führe« (14). Er lässt ihn allein, als sie dem Stadtpfarrer begegnen, den Flaig für einen Ungläubigen hält. Für diesen ist es allerdings schlichtweg unmöglich, dass Hans durchfällt, und er ist ganz erschrocken über diese Idee, die aus Hans' Angst geboren ist.

Schuster Flaig und der Stadtpfarrer

Hans geht nach Hause in den Garten. Dort steht ein kleines Häuschen, in dem er jahrelang Kaninchen gehalten hat. Man hat sie ihm weggenommen, damit er in Ruhe lernen konnte: »Er hatte keine Zeit mehr für Zerstreuungen gehabt« (15). Hier sieht er auch ein Wasserrad, das er mit seinem Schulfreund August zusammen gebastelt hat. Plötzlich wird er traurig und aggressiv und schlägt mit einem Handbeil die Latten des Hasenverschlags auseinander. Abends sitzt er noch länger wach in seinem Zimmer und erinnert sich an die Stunden, in denen er hier von einem höheren Leben geträumt hat.

Landexamen in Stuttgart

Am nächsten Tag fährt er mit seinem Vater nach Stuttgart, die Honoratioren des Ortes verabschieden ihn am Bahnhof und wünschen ihm Erfolg. Die Großstadt schüchtert den Jungen ein, auch das Wohnen bei seiner Tante und die ungewohnte Umgebung, wohingegen sein Vater auflebt und Besuche macht. Während eines Spaziergangs, auf dem die Tante ihm eine Schokolade schenkt, die er nicht mag, merkt er plötzlich, dass er alles für das Examen Gelernte vergessen hat. Die Tante erzählt ihm, dass von 118 Kandidaten nur 36 bestehen können. Hans bekommt Angst und Kopfschmerzen und hat in der Nacht Albträume.

In seiner Heimatstadt wird am nächsten Morgen an ihn gedacht. Während Flaig für ihn betet, sagt der Stadtpfarrer, dass aus Hans noch etwas Besonderes werden wird; der Lehrer stellt vor der Klasse Hans' besonderen Rang heraus und demütigt seine Schüler, die er Faulpelze nennt.

Als Hans in die erste Prüfung geht, ist er wieder ruhig, denn er findet sie sehr leicht, was er mittags auch seinem Vater sagt. Am Nachmittag machen sie Besuche bei Verwandten und treffen dort einen Prüfling aus Göppingen, der Hans warnt, die Prüfungen zu leicht zu nehmen. Hans setzt sich abermals hin und lernt noch etwas Griechisch, das am nächsten Tag geprüft wird. Während der nächsten Prüfung weigert er sich, einem Banknachbarn zu helfen, und ist sich sicher, dass er versagt hat. Während der mündlichen Prüfung fällt ihm am Schluss eine Verbform nicht ein, erst an der Tür, als er schon gehen will, ruft er sie noch in den Raum, ist sich aber sicher, dass er nicht bestanden hat. Den ganzen Tag treibt er sich in der Stadt herum und erinnert sich an den Garten zu Hause, die Berge und den Fluss.

Da sein Vater noch in einen Nachbarort will, um dort Verwandte zu besuchen, fährt Hans allein heim. Zu Hause versucht er sich von den bedrängenden Eindrücken frei zu machen und geht schwimmen: »Langsam gegen die schwache Strömung schwimmend, fühlt er Schweiß und Angst dieser letzten Tage von sich gleiten, und während seinen schmächtigen Leib der Fluß kühlend umarmte, nahm seine Seele mit neuer Lust von der schönen Heimat Besitz« (27). Erfrischt und müde schlendert er nach Hause und erinnert sich an seine Kinderzeit, an die geheimnisvollen Erzählungen und seine kindlichen Spiele und Abenteuer in den engen Gassen, er denkt auch an Emma Geßler, die er einmal verehrt hat, und an die seltsamen Leute im Ort. Aber er weiß auch, dass er die Kindheit endgültig verloren hat, ohne etwas Neues dafür zu bekommen.

Schwimmen im Fluss

Er hofft sehr, bestanden zu haben. Vom Vater, der gut gelaunt am nächsten Tag zurückkehrt, wünscht er sich, wenn er das Examen bestanden hat, in den Ferien wieder angeln zu dürfen. Immer noch aber ist er davon überzeugt, dass er versagt hat, und fragt seinen Vater, ob er denn auf das Gymnasium gehen dürfe, wenn er das Stipendium nicht bekomme. Sein Vater muss ihm diesen Wunsch abschlagen, so viel Geld hat er nicht. Verzweifelt stellt sich Hans vor, wie es wäre, wenn er eine Lehre machen müsste. Er möchte nicht zu den einfachen Leuten gehören, die im Büro, in einer Werkstatt oder als Händler arbeiten, er verachtet sie inzwischen und findet sie gewöhnlich und armselig. Am Montag endlich erfährt er, dass er bestanden hat und sogar Zweiter geworden ist. Er muss nicht mehr zur Schule, sein Vater ist stolz und gibt ihm Geld, damit er sich ein Taschenmesser kaufen kann. Mit dem neuen Messer schneidet sich Hans eine schöne Angelrute und sitzt den ganzen Nachmittag und Abend daran, eine Angelausrüstung zusammenzustellen: »Hans war nun sicher, in den langen sieben Ferienwochen keine Langeweile haben zu müssen, denn mit der Angelrute konnte er ganze Tage allein am Wasser zubringen« (32).

2. Kapitel

Angeln

Es ist ein wunderschöner Sommer. Hans steht früh auf, steckt sich etwas zu essen ein und läuft hinaus, um zu angeln. »Wie lang hatte er das alles nicht gesehen! Er tat große Atemzüge, als wollte er die verlorene schöne Zeit nun doppelt einholen und noch einmal recht ungeniert und sorgenlos ein kleiner Knabe sein« (34).

Am Nachmittag geht er ins Schwimmbad. Als seine ehemaligen Schulkameraden kommen, gibt es ein wenig Neckerei, über die Hans nur lacht. Gegen fünf Uhr geht er noch einmal zum Angeln. Als er heimkommt, erfährt er, dass viele Bekannte zum Gratulieren da gewesen sind und dass seine Leistung sogar in der Zeitung steht. Auch abends angelt er wieder am Fluss. Danach ist er stolz und müde, nur »das eine wurmte ihn, daß er nicht vollends Erster geworden war« (40).

Am nächsten Tag besucht er den Stadtpfarrer, um ihm Fische zu bringen. Der ist ein moderner Mann und schreibt auch wissenschaftliche Arbeiten, er erzählt Hans von seiner Seminarzeit. Dann spricht er über das Griechisch des Neuen Testaments, das so ganz anders als das attische sei, und schlägt vor, ihm eine Einführung zu geben. Hans sagt gleich zu: Einerseits hat er Angst vor dem neuen Stoff, andererseits ist es sein Stolz und sein Ehrgeiz, der Beste zu sein. Dann läuft er wieder in den Wald, legt sich ins Moos und hört Specht und Kuckuck zu. Er merkt plötzlich, wie müde er ist, kann sich zu keinem Spaziergang aufraffen und bekommt auch wieder starke Kopfschmerzen.

Müdigkeit

Als er am späten Nachmittag zur ersten Unterrichtsstunde des Pfarrers geht, kommt er beim Schuster Flaig vorbei. Der fromme Flaig warnt ihn vor dem Pfarrer, einem Ungläubigen, der behaupte, die Bibel sei »Menschenwerk und sei verlogen und nicht vom Heiligen Geist eingegeben« (44). Hans verspricht, zu ihm zu kommen, wenn der Pfarrer so etwas erzählen sollte. Aber eigentlich bewundert er diesen wegen seines Wissens, »jeden Tag kam ihm die wahre Gelehrsamkeit schöner, schwieriger und erstrebenswerter vor« (46). Gerne lernt er mit ihm Griechisch und bekommt »eine Ahnung davon, welche Rätsel und Aufgaben in jedem Vers und Wort verborgen lagen« (46). Morgens und abends geht er immer noch schwimmen und angeln, sein Ehrgeiz aber ist wieder wach. Auch die Kopfschmerzen kommen wieder regelmäßig, er schläft unruhig.

Warnung vom Schuster Flaig

Griechischunterricht

Nach ein paar Tagen kommt der Rektor in das Giebenrathsche Haus und schlägt vor, dass Hans auch in Hebräisch

Hebräisch und Mathematik

und Mathematik vorarbeite. Es sei so, dass gerade auf ein gutes Examen oft ein Rückschlag erfolge und die anderen Schüler ihn überholen könnten. Auch darauf geht Hans ein. So bleibt von den Ferien nichts mehr übrig. Wenn er einen Spaziergang macht, dann nur mit schlechtem Gewissen. Und gerade Mathematik mag er gar nicht, lieber schon Griechisch, das ihm der Rektor lebendiger vermitteln kann. Mit Stolz sieht sein Vater seinen Lerneifer, der wieder bis in die Nacht hinein anhält.

Erst in der letzten Ferienwoche hat Hans frei und geht auch wieder angeln, meist mit Kopfschmerzen und sehr müde. Wieder einmal besucht er Schuster Flaig. Der freut sich über den Besuch und hält das viele Lernen für Unsinn, wenn man so krank und mager ist wie Hans: »In deinem Alter muß man ordentlich Luft und Bewegung und sein richtiges Ausruhen haben« (53). Er freut sich auch, als Hans berichtet, dass der Stadtpfarrer nie despektierlich von der Bibel und vom Glauben geredet hat. Danach betet er mit ihm, was Hans recht peinlich ist. Ein paar Tage später fahren Vater und Sohn nach Maulbronn ab.

3. Kapitel

Maulbronn

Das große Zisterzienserkloster Maulbronn liegt sehr idyllisch zwischen waldigen Hügeln und kleinen stillen Seen, es liegt etwas abgelegen und bietet die nötige Ruhe und Abgeschiedenheit zum Lernen. Dort, wo man die jungen Leute vor schädlichen Einflüssen bewahren kann und wo sie sich ganz auf das Studium konzentrieren können, muss jetzt auch Hans Giebenrath eine Stube bewohnen. Sein Vater bringt ihn hin und benimmt sich sehr klug und praktisch, während manche Mütter sehr besorgt sind und rührend, was aber nicht ohne Peinlichkeiten für die Schüler ist. Es ist eine bunt zusammengewürfelte Mannschaft, grobe Schwarzwälder, vergeistigte Gelehrtensöhne, feinere Stuttgarter. Die Stuben, auf die die junge schwäbische Elite verteilt wird, heißen nach antikem Vorbild »Akropolis«, »Athen« oder »Sparta«. Hans muss mit neun anderen Jungen die Stube »Hellas« beziehen. In der ersten Nacht kann Hans lange nicht einschlafen, er hört einen Knaben weinen, ein wenig graut es ihm vor dem unbekannten Neuen und den vielen Schulkameraden.

Die Schüler

Am nächsten Tag ist die feierliche Einführung durch den Ephorus, den Leiter der Schule, mit namentlicher Begrüßung der neuen Schüler. Mütter und Väter sind stolz, keiner denkt daran, dass »er heute sein Kind gegen einen Geldvorteil verkaufe« (61). Nach der Abfahrt der Eltern beginnen die Schüler ihre Stube zu erkunden und sich heimisch zu machen. Vier besondere Schüler sind auf »Hellas«, der Stuttgarter Professorensohn Otto Hartner, ruhig und selbstsicher, Karl Hamel, Sohn eines Dorfbürgermeisters von der Schwäbischen Alb, phlegmatisch und leidenschaftlich, Emil Lucius, ein Geizkragen und Egoist, und Hermann Heilner, der als Dichter und Schöngeist und als etwas schwierig gilt: Seinen Aufsatz im Landexamen soll er in Hexametern abgefasst haben. Allmählich bilden sich aus den Schülern kleine Gruppen und Freundschaften, Hans allerdings schließt sich niemandem an, er ist zu schüchtern, ist Freundschaft nicht mehr gewöhnt und auch zu ehrgeizig. Eine Freundschaft, glaubt er, würde ihn vom Lernen abhalten. Hermann Heilner bleibt auch allein,

Hermann Heilner

geht oft an einen Waldsee und schreibt dort Gedichte. Einmal treffen sich die beiden dort. Hermann meint, Hans wisse ja nichts von der Welt und wolle immer nur lernen, er erzählt ihm vom »richtigen Leben« und von einem Fest auf einem Schiff. Dann beschwert er sich über die Langeweiler und Duckmäuser, zu denen er auch Hans rechnet. Er meckert über die Schulmethode, Homers Werke Vers für Vers durchzukauen, und über die Manie, den Schülern die Antike als Vorbild hinzustellen. Auf dem Rückweg macht er Hans auf die architektonische Schönheit des Klosters aufmerksam. Hans muss lange über ihn nachdenken, er ist ihm fremd.

Am Abend fängt der Schüler Otto Wenger mit Hermann einen Streit an, der in eine Schlägerei mündet, bis Hermann nicht mehr mitmacht und plötzlich zu weinen beginnt: »Das war unerhört, denn Weinen galt ohne Zweifel für das Allerschimpflichste, was ein Seminarist tun konnte« (72). Das ist Hermann allerdings egal, hochmütig geht er hinaus. Hans findet ihn etwas später im Kreuzgang sitzen, sie erkennen plötzlich, dass in jedem von ihnen »eine besondere, in ihrer Weise gezeichnete Seele« (73) steckt. Dann küssen sie sich. Dieser Kuss hat etwas Intimes, aber auch Gefährliches, sie wissen, wie entsetzlich es gewesen wäre, wenn man sie dabei erwischt hätte, es wäre ihnen noch peinlicher gewesen als Hermanns Weinen vorher. So werden Hermann und Hans Freunde. Die ganze Schule wundert sich darüber, dass ausgerechnet der Leichtsinnigste und der Strebsamste sich zusammengeschlossen haben.

Hermann und Hans küssen sich

Freundschaft mit Hermann

Die Schule verschlingt die meiste Zeit, vor allem das Hebräische ist ihnen allen fremd. Hermann verflucht täglich den Pentateuch, den sie durcharbeiten müssen, und liebt diese Sprache doch. Daneben wird das Neue Testament auf Lateinisch gelesen, die Odyssee und außerdem Xenophon und Livius. Hermann sieht all dieses Wissen völlig anders als Hans. Für ihn gibt es nichts Abstraktes, fast alles kann er mit eigenem Leben erfüllen und so für sich interessant machen, wenn das nicht geht, wie in der Mathematik, lässt er es links liegen.

Für Hans ist die Freundschaft mit Hermann oft auch eine Last, sie kostet ihn viel Zeit, in der er vorher gelernt hat. Aber auch Hermann braucht Hans, weil er jemanden haben muss, dem er sich anvertrauen kann und der ihm zuhört. Außerdem braucht er jemanden, der ihn bemitleidet und tröstet, »solange er noch nicht zur Frauenliebe reif war« (78). Wenn Hermann in melancholischer Stimmung ist, macht dies auf Hans großen Eindruck. Hans, der allmählich wieder Kopfschmerzen bekommt, bewundert Hermann vor allem wegen seiner eigenen dichterischen Versuche und seiner Begeisterung für Schiller und Shakespeare.

Einmal gibt es eine Prügelei zwischen Lucius und Hermann, der mit einer schweren Karzerstrafe belegt wird. Der Ephorus schreit ihn wütend an und stellt ihn vor den anderen als abschreckendes Beispiel hin. Die Schüler bewundern ihn still, trauen sich aber nicht, zu ihm zu halten. Sogar Hans nicht, er weiß, dass es gefährlich ist, jetzt mit ihm gesehen zu werden, dafür hat er auch immer noch zu viel Ehrgeiz. Hermann merkt, dass Hans ihm ausweicht, und beschimpft ihn als Feigling.

Hans verrät Hermann

Es wird Winter, man bereitet sich auf die Weihnachtsferien vor. Es gibt noch eine kleine Feier, dann fahren die Knaben nach Hause. Hans' Vater ist zufrieden und beschenkt ihn reich: »Ein richtiges Christfest gab es im Haus Giebenrath allerdings nicht. Es fehlte Gesang und Festbegeisterung, es fehlte eine Mutter, es fehlte ein Tannenbaum« (84). Hans findet man im Ort zu mager und zu blass, der Stadtpfarrer erzählt, dass auch er oft unter Kopfschmerzen gelitten habe, und Hans merkt mit Genugtuung, dass er jetzt weit über seinen ehemaligen Mitschülern steht.

4. Kapitel

Hindus Tod

Aus jedem Jahrgang bleiben immer wieder Seminaristen auf der Strecke, sterben, reißen aus oder verüben Selbstmord. In Hans' Jahr sind es sogar mehrere, und alle aus seiner Stube »Hellas«. Im Januar bricht einer seiner Mitschüler, der unauffällige und ruhige Hindinger, »Hindu« genannt, Sohn eines Schneidermeisters aus dem Allgäu, ins Eis ein und ertrinkt im See. Er hatte sich den Schlittschuhläufern angeschlossen, um ihnen zuzusehen. Man vermisst ihn nicht gleich, erst tief in der Dämmerung findet man den Leichnam. Zufällig geht Hans neben Hermann und versucht, seine Hand zu ergreifen. Hermann entzieht sie ihm unwillig und geht weg. Da begreift Hans erst, dass er schlecht gehandelt hat, als er ihn in seinem Ehrgeiz verleugnete. Ein paar Tage lang beherrscht der Tod das Seminar, bis der Alltag wieder einkehrt.

Hans sieht seit Hindus Tod älter und ernster aus, er ist sich seiner Schuld gegenüber Hermann bewusster und erwachsener geworden. Acht Tage nach der Beerdigung geht er ihn auf der Krankenstation besuchen. Seit der Strafe ist er vereinsamt und bitterer geworden. Wieder will Hermann ihn abweisen, aber Hans bleibt, viel selbstbewusster geworden, stehen. Er bittet ihn um Verzeihung für sein schäbiges Benehmen und um seine Freundschaft. Hermann nimmt an. Die Schule sieht diese Entwicklung mit einiger Aufregung. Während der Trennung haben sich beide verändert, Hans ist »zärtlicher« geworden, Hermann hat ein »kraftvolleres, männlicheres Wesen« bekommen (91).

Hans bittet Hermann um Verzeihung

Hans' Schulleistungen aber leiden sehr unter der neugewonnenen Freundschaft, er hat seinen Ehrgeiz verloren, die Lehrer sehen das mit Schrecken, sie machen Heilner dafür verantwortlich. Dessen »Geniewesen« (92) ist ihnen ohnehin unheimlich. Lehrer mögen eher die guten, braven Schüler, nicht die, welche keinen Respekt vor ihnen haben und sich etwas extravagant geben. Die Unangepassten werden erst Generationen später als Vorbild für eigenständiges Denken hingestellt.

Aber nicht die Sorge und Liebe, sondern die Härte gegen die beiden Unangepassten wird verdoppelt. Nur der Ephorus macht einen Versuch, Einfluss zu nehmen. Er ist ein einsichtiger und kluger Mann, wohlwollend gegenüber den Schülern, nur etwas eitel und darauf bedacht, seine Autorität zu wahren. Er möchte von Hans wissen, warum er in Hebräisch schwächer geworden ist. Er fragt ihn, ob er krank ist, ob er keine Freude mehr an der Sprache hat, ob ihm die Arbeit zu viel ist, ob er zu viel Privatlektüre treibt. Hans kann nur sagen, dass er Kopfschmerzen hat, er verspricht dem Lehrer, sich mehr Mühe zu geben. Nur den Kontakt zu Hermann, den ihn der Ephorus abzubrechen bittet, will er aufrechterhalten. Seine Begründung ist schlicht: »Weil er doch mein Freund ist« (95).

Der Ephorus versucht zu helfen

Visionen

Hans bemüht sich nach diesem Gespräch bessere Leistungen zu bringen. Manchmal hat er geradezu Visionen griechischer Helden oder von Jesus, nachdem er eine Stelle aus dem Markus-Evangelium gelesen hat. Immer wenn ihm so etwas widerfährt, fühlt er sich wie verwandelt, »als habe er die schwarze Erde wie ein Glas durchblickt oder als habe Gott ihn angeschaut« (97). Nicht einmal seinem Freund Hermann erzählt er von diesen Erlebnissen. Der steigert sich in eine Feindseligkeit gegenüber seinen Mitschülern hinein, in die er auch Hans einbezieht. Nach einer Schlägerei mit Otto Wenger redet Hermann kaum mehr ein Wort mit seinen Stubenkameraden.

Im Frühjahr entstehen neue Kreise, es gibt einen Leseverein, in den Hermann nicht aufgenommen wird, er geht stattdessen in den »Bibelkranz«. Der Schüler Dunstan klebt einen Zettel mit ironischen und sarkastischen Epigrammen auf seine Mitschüler an die Tür zum Waschsaal. Der literarische Streit weitet sich schnell aus, fast alle Schüler beteiligen sich an diesem Kampf. Danach gründet Dunstan die Zeitung »Stachelschwein« mit Witzen, satirischen und komischen Beobachtungen. Hermann Heilner beteiligt sich daran, etwa vier Wochen lang bringen die Artikel einige Unruhe in die Schule.

Hans geht träge und unaufmerksam umher. In einer Schulstunde wird er zum Übersetzen aufgerufen und kann sich nicht einmal rühren. Er sitzt aufrecht, hat den Kopf etwas gesenkt und die Augen halb geschlossen. Er hört zwar die Stimmen der Mitschüler und fühlt deren Berührungen, aber er ist wie abgeschnitten von ihnen und sieht gleichzeitig andere Gestalten. Der Lehrer denkt, er habe geschlafen, erst später merkt er, dass mit Hans etwas nicht stimmt. Später kommt ein Arzt und untersucht ihn. Er stellt »kleine Nervengeschichten« (103) fest und verschreibt frische Luft und ein paar Tropfen gegen das Kopfweh. Hans wird eine Stunde Spaziergang nach dem Mittagessen befohlen, und Hermann ausdrücklich verboten, ihn zu begleiten. Während Hans im Frühling immer alles genau beobachtet hat, sieht er jetzt nur ein allgemeines Treiben, er wird schnell müde, ist unaufmerksam und uninteressiert, kann sich nichts mehr merken. Ihn überkommen nur immer wieder die Visionen, »Momente körperhafter Anschauung« (104), auch Erinnerungen aus früheren Zeiten und aus Stuttgart.

»Nervengeschichten«

Eines Abends ist Hermann auffallend still, dann fragt er Hans, ob er schon einmal einem Mädchen nachgelaufen sei. Hans bestätigt es, und Hermann erzählt, er habe einem Nachbarsmädchen einmal einen Kuss gegeben. Das sei aber schon alles gewesen. Hans denkt noch lange darüber nach und erinnert sich auch an den Kuss, den er von Hermann bekommen hat.

In der Schule wird Hans immer schlechter, es ist ihm egal. Trotz des Verbots geht Hermann mit ihm spazieren. Der Ephorus bestraft ihn mit ein paar Stunden Arrest. Nach einiger Zeit bemerkt man, dass Hermann verschwunden ist, weggelaufen. Zwei Tage später wird er wieder eingefangen, es wird eine Entschuldigung verlangt, die er verweigert. Er wird entlassen. Von Hans kann er sich nur mit einem Händedruck verabschieden. Wochenlang ist er das Gesprächsthema, aber es kommt nie ein Brief von ihm.

Hermann läuft weg und wird von der Schule entlassen

5. Kapitel

Eine Weile zehrt Hans noch von seinem früheren Fleiß, aber nicht lange. Er hört auf zu arbeiten und sieht seinem Abstieg ohne Aufregung zu. Er hat Kopfschmerzen, träumt vor sich hin, auf die Vorwürfe der Lehrer antwortet er mit einem gutmütigen Lächeln. Nur einem jungen Lehrer tut das weh, alle anderen sind wütend, und keiner denkt an eine eigene Schuld. Ein Brief von seinem Vater schmerzt Hans, aber er kann seinen Zustand nicht ändern. »Keiner dachte etwa daran, daß die Schule und der barbarische Ehrgeiz eines Vaters und einiger Lehrer dieses gebrechliche Wesen soweit gebracht hatten« (111). Zu Sommeranfang erklärt der Arzt noch einmal, Hans leide unter einem nervösen Schwächeanfall, er solle sich in den Ferien ausruhen, dann werde es schon gut. Aber in einer Stunde drei Wochen vor den Ferien bekommt Hans einen Weinkrampf. Einen Tag später fällt er fast um und kann, als er sich bückt, nicht mehr aufstehen. Jetzt verschreibt der Arzt sofortigen Urlaub und redet von einem Nervenarzt, den man hinzuziehen müsse.

Schwächeanfall

Hans wird mit zwei Briefen, vom Arzt und dem Ephorus, nach Hause geschickt. Allen ist klar, dass er aus diesem Erholungsurlaub nicht mehr wiederkommen wird. Auch Hans weiß das und fragt sich auf der Heimreise, wozu das nun alles gewesen sei. Er ist eigentlich nur müde und will in Ruhe gelassen werden, allein vor seinem enttäuschten Vater hat er etwas Angst. Dem allerdings graut es vor allem vor der Nervenkrankheit, die Hans haben soll. Er behandelt ihn ängstlich und scheu und beobachtet ihn heimlich, ob er nicht doch vielleicht verrückt sei.

Hans ist wieder zu Hause und will sterben

Hans liegt tagelang im Wald herum, träumt vor sich hin und tut sonst gar nichts. Er merkt auch, dass er in den letzten zwei Jahren keine Freunde gehabt hat. Die Lehrer und der Pfarrer, die ihn so gedrängt haben, grüßen ihn wohlwollend, aber er hat mit ihnen nichts mehr zu tun, vor allem nicht mit dem Pfarrer, der so sehr für die Wissenschaft lebt. Er fühlt sich verlassen und ungeliebt. Nur der Gedanke an den Tod tröstet ihn und gibt ihm Kraft. Er sucht sich einen Platz, wo er sterben kann, sucht sich einen Ast aus, an dem er sich aufhängen will, und überlegt sich, was er zum Abschied schreiben wird.

Gerne wäre er wieder angeln gegangen, traut sich aber nicht, seinen Vater zu fragen. Einmal sieht er, dass Emma Geßler, für die er einmal geschwärmt hat, wieder da ist, aber sie gefällt ihm jetzt nicht mehr. Er bedauert, dass damals alles so viel lebendiger gewesen ist und er jetzt nur noch Latein, Griechisch und Kopfweh kennt. Er denkt an die alten Geschichten, die er sich als Kind immer angehört hat, an die Märchen und an das Hopfenpflücken. Mit großer Sehnsucht erinnert er sich an seine jäh abgebrochene Kindheit, an die enge und dunkle Gasse »Zum Falken«, wo er so viele seltsame Gestalten kennen gelernt hat, wo so viele Geschichten erzählt wurden, wo er mit anderen Jungen zusammen war und Streiche ausgeheckt hat. Der achtjährige Hans hat dort mit den Brüdern Dolf und Emil Finkenbein gespielt, vor allem hat er von dem verkrüppelten Hermann Rechtenheil, dessen eines Bein kürzer war als das andere, das Angeln gelernt. Er erinnert sich an Lotte Frohmüller, den ständig betrunkenen ehemaligen Briefträger Rötteler, an den Mechaniker Porsch, an den Schlosser Brendle, der sich aufgehängt hat, und an die Gerberei. Auch jetzt besucht

Erinnerungen an die Kindheit

er diese Orte, aber der Zauber der Kindheit ist vorbei, Hans merkt, dass »er doch nicht wieder ein Kind werden« (128) kann.

6. Kapitel

Es wird Herbst, Hans streift immer noch durch die Wälder, aber sein Zustand bessert sich nicht, »eine gleichmäßige Melancholie« (129) ist sein Zustand. Dann kommt die Zeit, in der aus den Äpfeln Most gemacht wird, es ist im Ort ein großes Fest, und Schuster Flaig lädt Hans ein, ihm dabei zu helfen. Die Fröhlichkeit und Ausgelassenheit muntert ihn auf. An die Mostpresse kommt auch ein Mädchen in einem blauen Rock und hilft mit, es ist Flaigs Nichte Emma aus Heilbronn. Sie ist achtzehn oder neunzehn Jahre alt, hübsch und immer fröhlich. Hans ist schüchtern und unbeholfen, aber es gelingt ihr, ihn etwas aufzumuntern. Schnell verliebt er sich in sie, und die ganze Umgebung verwandelt sich für ihn, wird bunt und fröhlich.

Hans verliebt sich in Emma

Beim Abendessen fragt ihn sein Vater, ob er Mechaniker oder Schreiber werden will, es gibt zwei freie Lehrstellen, er soll ihm am nächsten Tag antworten. Danach geht Hans zum Haus von Flaig, weil er hofft, Emma noch einmal zu sehen. Sie kommt heraus und streckt ihm die Hand hin, er streichelt sie vorsichtig, dann küssen sie sich. Sie bittet ihn, am nächsten Abend wiederzukommen und kehrt ins Haus zurück. Hans geht traumverloren durch das Dorf nach Hause, später träumt er von Emma.

Am nächsten Mittag besucht er seinen ehemaligen Schulkameraden August und fragt ihn über die Arbeit als Mecha-

Mechanikerlehrling August

nikerlehrling aus. Der erzählt ihm, dass die Arbeit schwer ist und körperlich anstrengend, aber er macht ihm Mut, man könne alles lernen. Er zeigt ihm einige kleine Maschinenteile, die er gearbeitet hat. Außerdem verspricht er, ihm zu helfen, falls man ihn ärgern sollte, und am nächsten Wochenende bekomme er seinen ersten Wochenlohn, dann werde gefeiert. Seinem Vater sagt Hans, er wolle Mechaniker werden.

Emma und Hans küssen sich

Am Abend geht er wieder zu Flaigs Haus, wieder kommt Emma nach draußen, und sie gehen zum Hintereingang. Emma ist guter Laune, sie plaudert vor sich hin und küsst Hans, dem schwindelig wird. Er weiß nicht, was er tun soll, sie nimmt seine Hand und legt sie sich auf ihre Brust, später schiebt sie sie unter ihr Mieder auf ihre nackte Haut. Ihm stockt der Herzschlag, »und er glaubte sterben zu müssen« (147). Nur mühsam kommt er nach Hause und träumt, »von Tiefe zu Tiefe durch ungeheure Räume stürzend« (148).

7. Kapitel

Emma ist abgereist

Als sein Vater Most macht, hört Hans, dass Emma am Morgen abgereist ist, ohne ihm etwas zu sagen. Er ist wütend darüber und merkt, dass sie ihn nicht ernst genommen hat. Tagelang leidet er und weint nachts in sein Kissen.

Dann kauft sein Vater ihm einen blauen Leinenanzug und eine blaue Mütze, wie sie die Schlosser tragen, Hans kommt sich etwas lächerlich vor. Er beklagt sein Schicksal, dass er so viel gelernt hat, nur um jetzt als Lehrling in eine Werkstatt gehen zu müssen. Aber dann freut er sich doch darauf: »Da war doch wenigstens wieder etwas zu erleben!« (150).

In der Werkstatt

Bis zum Freitag, an dem er die Lehre beginnen soll, ist er unruhig. In der Werkstatt von Schlossermeister Schuler wird bereits gearbeitet, als er kommt. Der Meister zeigt ihm seinen Arbeitsplatz und gibt ihm ein Rad zum Abfeilen, zeigt ihm auch, wie er es richtig machen muss. Hans ist neugierig auf sein neues Leben, freut sich, dass seine Hände dreckig werden und fügt sich willig in den Rhythmus ein. Als er müde wird, zeigt ihm der Meister, wie man lötet. Am Mittag geht er nach Hause und trifft auf dem Weg zwei frühere Mitschüler, der eine ruft ihm spöttisch »Landexamensschlosser« (155) hinterher. Zu Hause merkt er, dass er vor lauter Arbeit Emma völlig vergessen hat. Am Nachmittag hat er rote Schwielen, am nächsten Tag ist die Arbeit noch schlimmer. Hans ist unglücklich.

Ausflug mit August und anderen Gesellen

Am Sonntag ist er mit August und anderen Gesellen verabredet. Auch sein Vater hat nichts gegen diesen Umgang, schenkt ihm sogar noch etwas Geld. Als Hans nach dem Mittagessen um zwei Uhr zu ihnen geht, spürt er zum ersten Mal seit langem wieder »eine Freude am Sonntag« (157). Er versteht jetzt die Handwerker, die sich auf den Sonntag freuen, ihren einzigen freien Tag in der Woche. Er sieht sich wieder in einer Sonderstellung, denn er sieht die Schlosser als »die vornehmste Zunft, obenan die Mechaniker« (157), zu denen er jetzt seit zwei Tagen auch gehört. Zwar freut er sich auf den Ausflug, hat aber gleichzeitig etwas Angst vor Exzessen, vor Tanzen und Trinken.

August begrüßt ihn freudig, jetzt sind sie zu viert, das Bier geht heute ganz auf seine Rechnung. Sie wandern am

Fluss entlang zum Nachbardorf Bielach. Ein Geselle erzählt von seiner Wanderschaft und gibt mächtig an, was niemanden stört. Er erzählt von einer liebevollen Meisterstochter und dem schlechten Meister und einer Schlägerei zwischen Fabrikangestellten und Schlossern in Offenburg. Nach einer Stunde kommen sie im Ort an und gehen in den »Anker«, wo es so voll ist, dass sie sich in den Garten setzen müssen.

Trinken und erzählen

Hans wundert sich über den Durst der anderen und freut sich, dazuzugehören: »Es war schön, mitzulachen und bisweilen selber einen Witz zu riskieren, es war schön und männlich, nach dem Austrinken sein Glas mit Nachdruck auf den Tisch zu knallen« (162). Der Geselle erzählt weitere Geschichten aus Ulm und Cannstatt, von leistungsstarken Essern und Trinkern. Als man Kuchen haben will, erfährt man, dass es keinen gibt, man zieht weiter. Im »Scharfen Eck« ist es ruhiger, sie essen einen Apfelkuchen, plötzlich merkt Hans, dass ihm nicht wohl ist. Als die Wirtstochter beim Bedienen hilft, macht ihr der Geselle schöne Augen, sie aber streicht Hans mit der Hand einmal über den Kopf und verschwindet wieder.

Hans ist betrunken, die Feier kommt ihm nicht mehr lustig vor, er ahnt auch schon den Ärger, den er mit seinem Vater bekommen wird. Als sie zusammen auf die Straße gehen, wollen die anderen noch in den »Schwanen«. Hans aber macht sich los und geht allein nach Hause. Unter einem Apfelbaum legt er sich in die feuchte Wiese, es ekelt ihn, er kommt sich dreckig und elend vor, singt den Refrain des Liedes »O du lieber Augustin« (167) und kann erst nach einer Stunde wieder weiter.

Sein Vater hat derweil auf ihn gewartet, ist wütend und

Der Vater wartet vergeblich

verschließt trotzig die Haustür. Trotzdem wartet er. Es dauert lange, bis er einschläft. Zu dieser Zeit treibt Hans schon tot im Fluss talabwärts. Niemand sieht ihn, niemand weiß, wie er in das Wasser geraten ist, ob es ein Unfall ist oder Selbstmord. Einen Tag später findet man ihn, zur

Beerdigung

Beerdigung kommen viele Neugierige, auch der Rektor, die Lehrer und der Stadtpfarrer. Der Rektor sagt leise zum Lateinlehrer: »Ist das nicht ein Elend, daß man gerade mit den Besten so oft Pech hat?« (169). Hans' Vater meint verständnislos zum Schuster Flaig, er verstehe es nicht, es sei doch alles gut gegangen, und dann sei ein Unglück nach dem anderen gekommen. Flaig dagegen spürt genau, wie das Unglück gekommen ist, er kritisiert die Honoratioren, die Hans dahin gebracht hätten, und sagt zu Hans' Vater, sie beide hätten wohl auch »mancherlei an dem Buben versäumt« (169).

3. Personen

Hans und Hermann. Das Freundespaar Hans Giebenrath und Hermann Heilner zeigt den Lebenskonflikt, den Hesse selbst erlebt hat und in *Unterm Rad* literarisch darstellt, in ihren beiden Personen. Während Hans scheitern wird und in seinem Namen schon lautlich das »Rad« des Titels trägt, wird mit Hermann Heilner, der die selben Initialen wie Hesse trägt, der künstlerisch begabt ist und das gute Ende schon im Namenspartikel »Heil« andeutet, jemand gezeigt, der offener und rebellischer ist und die für Hans tödliche Schule überlebt. Auch in anderen Werken nimmt Hesse diese Zwei- oder Mehrteilung vor, z. B. in Narziß und Goldmund im gleichnamigen Roman.

Hans ist ehrgeizig

Hans Giebenrath. Die Hauptperson in *Unterm Rad* ist Hans Giebenrath. Er ist ein sensibler und begabter Junge, der als einziges Kind von seinem Vater erzogen wurde, die Mutter ist früh gestorben. Da er in der Schule sehr gut ist, wird er von seinen Lehrern gefördert, seine herausragende Stellung macht ihn aber auch hochmütig, er entfremdet sich seinen Mitschülern. Auch ist er ehrgeizig und möchte von allen der Beste sein.
Nachdem man beschlossen hat, dass er sich am Landexamen in Stuttgart beteiligen soll, wird der Druck stärker. Er hat keine Freizeit mehr, man nimmt ihm die Kaninchen weg, um die er sich gekümmert hat, und verbietet ihm das Angeln, für ihn gibt es nur noch das Lernen. Die körperlichen Anzeichen seiner Schwäche werden als »Vergeistigung« (11) missdeutet. Selbst in den Ferien vor

seinem Internatsaufenthalt gönnt man ihm keine Pause und keinen körperlichen Ausgleich. Die Anspannung macht sich in einem Wutanfall Luft, in dem er den Kaninchenstall in hundert Stücke haut: »Er hieb auf das alles los, als könnte er damit sein Heimweh nach den Hasen und nach August und nach all den alten Kindereien totschlagen« (16). Außerdem hat er fast ständig Kopfschmerzen und ist oft sehr müde.

Auch in der Anfangszeit in Maulbronn bleibt er ehrgeizig, bis er sich mit Hermann Heilner anfreundet. Diese Freundschaft nimmt immer mehr Zeit in Anspruch, die er eigentlich zum Lernen hatte nutzen wollen. Hans' Leistungen werden immer schlechter, aber von Hermann lernt er, was ihm auch schon der Schuster Flaig gesagt hat: dass die Karriere nicht alles ist, was man anstreben kann. Hermann bringt ihm andere Werte nahe, Dichtung, Phantasie und Gefühl. Von Hermann erfährt er zum ersten Mal etwas über die Liebe zwischen Mann und Frau, auch wird er von ihm geküsst. Jetzt erlebt Hans mystische Zustände, in denen die Welt der Literatur und der Religion richtig lebendig für ihn wird. Diese Welt wird von den Lehrern vernachlässigt, bei ihnen spielt nur die Leistung eine Rolle. Sie sind unfähig, auf persönliche Krisen, wie Hans sie hat, angemessen zu reagieren, sie verschlimmern sie sogar.

Er lernt von Hermann

Als sein Freund Hermann der Schule verwiesen wird, wird Hans' Zustand immer schlechter, er hat Nervenzusammenbrüche und muss die Schule verlassen. Von seinem Vater unverstanden, flüchtet er sich in Kindheitserinnerungen, merkt aber, dass ihm der Weg dorthin versperrt ist. Er verträumt viel Zeit und ist ständig müde. Dann ver-

Nervenzusammenbruch

liebt er sich in Emma, die Nichte des Schuhmachermeisters. Es ist seine erste Liebe, er leidet unter den ungeahnten Gefühlen und lebt gleichzeitig auf, ist unsicher und aufgeregt, seine Müdigkeit und die körperliche Schwäche treten beim Zusammensein mit ihr offen zutage. Aber er wird von ihr nur als Spielzeug benutzt, stürzt, nachdem sie abgereist ist, ohne ihm etwas zu sagen, in die nächste Krise und erlebt Anfälle von Verzweiflung und Lebensüberdruss.

Erst als er eine Lehre beginnt, ist er zwar von der Arbeit sehr müde, freut sich aber über seine nützliche Tätigkeit und freundet sich mit seinem alten Schulfreund August wieder an, der bereits ein Jahr Ausbildung hinter sich hat und ihn am Sonntagabend zu einer Feier mitnimmt. Auf dem Heimweg von dieser sehr alkoholfreudigen Feier ertrinkt er im Fluss. Ob es ein Unfall oder Selbstmord ist, erfährt man nicht.

Künstler und Dichter

Hermann Heilner. Hermann ist Hans' Alter Ego und wohnt mit ihm im Internat im selben Raum. Er ist zwar auch ein begabter Schüler, aber das verdankt er nicht seinem Fleiß. Er arbeitet wenig und weiß trotzdem viel. Hermann schreibt Gedichte, geht viel allein spazieren, liest Shakespeare und Schiller, ist oft melancholisch, wird manchmal auch aggressiv. Er ist der Einzige, der die Schönheit des Internatsgebäudes sieht: »Hallen, Bogenfenster, Kreuzgänge, Refektorien, gotisch und romanisch, alles reich und kunstvoll und Künstlerarbeit« (71). Er wird als eigenständig beschrieben, »er lebte wärmer und freier« (71). Mehrfach wird deutlich, dass er sich nach einem Freund, sogar nach Zärtlichkeit mit ihm sehnt, einmal küsst er Hans sogar auf den Mund (73f.). Ein Lehrer bezeichnet ihn nach seiner Flucht sarkastisch als »schönen Freund Heilner« (110).

Verachtet das Schulsystem

Hermann verachtet die ehrgeizigen Mitschüler und das Schulsystem, das das reine Wissen verlangt und den Geist dahinter vernachlässigt: »Da lesen wir Homer […] wie wenn die Odyssee ein Kochbuch wäre. Zwei Verse in der Stunde, und dann wird Wort für Wort wiedergekäut und untersucht, bis es einem zum Ekel wird« (70). Er sucht die Seele der Dichtung, die ihm in der Schule nicht geboten wird. Außerdem macht er sich über die Heuchelei lustig, mit der ihnen stets die Antike als Vorbild hingestellt wird: »Wenn einer von uns einmal probieren wollte, ein bißchen griechisch zu leben, so würde er rausgeschmissen« (71). Hermann lehnt sich gegen dieses System auf, das die Streber bevorzugt und die, die ihren eigenen Weg gehen, ausstößt. Auch Hans attackiert er, dem er vorwirft, dass er nur aus Angst vor den Lehrern und seinem Vater so viel lernt.

Aus Angst vor Strafen meiden ihn viele der Schüler, Hermann reagiert darauf, indem er sich in einen trotzigen Hochmut flüchtet. In eine literarische Lesegruppe wird er nicht aufgenommen, er drängt sich daraufhin in einen Bibelkreis und verschreckt die frommen Jungen mit kritischen Bemerkungen. Schließlich beteiligt er sich eine Zeit lang an einer satirischen Schülerzeitung. Aber letztendlich hält er den direkten und indirekten Druck nicht aus und flieht aus dem Internat, wird von der Polizei eingefangen, zeigt aber keine Reue und wird von der Schule verwiesen. Von Hans kann er sich nur mit einem Händedruck verabschieden, er meldet sich nie wieder. Die Freundschaft zu

Hans scheint für ihn keine so große Rolle gespielt zu haben wie für Hans, der nach Hermanns Weggang nicht mehr zu seinen vorherigen Leistungen zurückfindet.

Die anderen Schüler. Vor allem die Schüler in der Stube Hellas, in der Hans wohnt, werden ausführlicher beschrieben, wenn sie auch insgesamt etwas schemenhaft bleiben. Die meisten sind durchschnittliche Schüler und Menschen, vier werden als ungewöhnlich herausgehoben. Neben Hermann Heilner sind das Otto Hartner, ein Stuttgarter Professorensohn, er ist begabt, ruhig und selbstsicher, Karl Hamel ist Sohn eines Dorfbürgermeisters von der Schwäbischen Alb, manchmal phlegmatisch, manchmal aufbrausend und gewalttätig, Emil Lucius ist ruhig, geizig und strebsam, er lernt viel. Selbst Geige und später Klavier will der Unmusikalische lernen, weil der Unterricht umsonst ist.

Wie in jedem Internat gibt es Freundschaften und Antipathien, man spielt sich Streiche und prügelt sich. In einer Episode werden Epigramme an die Tür geklebt, in denen Schüler verspottet werden. Das löst eine wahre Wut von schriftlichen Erwiderungen und Fortsetzungen aus, bis ein Lehrer das Treiben verbietet. Etwas später gibt es eine satirische Zeitschrift, die etwa vier Wochen lang erscheint und an der sich auch Hermann beteiligt.

Erzählt wird noch von einem Schüler namens Hindinger, Sohn eines Schneidermeisters aus dem Allgäu, der im Januar beim Schlittschuhlaufen zusah, ein wenig herumlief und in der Nähe des Ufers ins Eis einbricht und ertrinkt. Erst spät wird bemerkt, dass er fehlt. Ergriffen von seinem Tod, entschuldigt sich Hans nach »Hindus« Beerdigung bei

Hermann für seine Feigheit ihm gegenüber und bittet ihn wieder um seine Freundschaft.

Autoritäten ohne Zugang zu den Schülern

Die Lehrer. Die Lehrer sind, wie so viele andere Nebenpersonen, recht undeutlich gezeichnet. In seinen Beschreibungen der Schule geht Hesse auf die Schüler ein, nicht aber auf die Lehrer, die doch das Erziehungssystem verkörpern. Erst nach 26 Seiten, in denen das Internatsleben beschrieben wird, spricht zum ersten Mal überhaupt ein Lehrer, der Ephorus, in Reaktion auf eine Verfehlung der Schüler, als er Hermann Heilner zu einer schweren Karzerstrafe verurteilt. Häufig schreibt Hesse dagegen allgemein über »den Schulmeister« oder »die Lehrer«, die beispielsweise etwas gegen die Genies unter ihren Schülern haben oder ihre Schüler quälen und sie zugrunde richten. Nur in einer Szene wird der Ephorus lebendiger beschrieben, als er sich mit Hans unterhält. Er wird als wohlwollend charakterisiert, wenn auch ungeschickt im Umgang mit Schülern, sein »Hauptfehler war eine starke Eitelkeit« (93), die ihn alles, was seine Autorität angreift, abwehren lässt. Widerspruch reizt ihn, als väterlicher Freund spielt er nur eine Rolle, die allerdings virtuos. Auch im Umgang mit Hans ist er hilflos, er gewinnt nicht sein Vertrauen, hat keinen Zugang zu ihm und versteht ihn nicht.

Auch die anderen Lehrer, die nebenbei erwähnt werden, können sich nur zu Ermahnungen aufraffen. Auch sie verstehen Hans nicht und verspotten ihn sogar, als seine Leistungen nachlassen und er krank wird. Es scheint ihnen alles recht gleichgültig zu sein, für sie kommt es immer nur auf die Leistung an. Bringt ein Schüler sie nicht, wird er ausgemustert. Eine Persönlichkeit des Schülers existiert für sie nicht. Nur ein junger Lehrer scheint ein wenig von dem zu verstehen, worunter Hans leidet, aber auch er hilft ihm nicht.

Fromm und gut

Schuhmacher Flaig. Schuhmachermeister Flaig ist ein tief religiöser Mann, der sich, als Hans noch jünger war, fast väterlich um ihn gekümmert hat, beschrieben wird er als »besorgt und gütig« (15). Er gehört den Pietisten an, die eine direkte, fast mystische Gläubigkeit und praktische Frömmigkeit leben, oft nicht durch Priester, sondern durch Laien vermittelt. Flaig selbst ist ein gefragter Prediger, der auch andere Gemeinden besucht. Er ist der Einzige, der sich Sorgen um den Zustand des Jungen macht, der sieht, dass er viel zu mager und zu angespannt ist: »In deinem Alter muß man ordentlich Luft und Bewegung und sein richtiges Ausruhen haben« (53).

Flaig versucht Hans klar zu machen, dass es nicht schlimm ist, wenn er in der Schule versagt, es gebe noch andere Werte im Leben. Er warnt ihn auch vor der Gelehrsamkeit des Pfarrers, die für ihn zu weit von der lebendigen Erfahrung der Religion entfernt ist, er bezeichnet ihn sogar als Ungläubigen. Im Umgang mit Hans ist er allerdings etwas zu ungeschickt. Da Hans gerade die Gelehrsamkeit des Pfarrers bewundert und ihr nacheifert, entfernt er sich zu sehr von Flaig, als dass dieser ihm wirklich hätte helfen können. Flaig bietet ihm zwar an, zu ihm zu kommen und mit ihm zu reden, aber Hans tut das nie. Schon als Hans anfing, hochmütig zu werden, ist er Flaig entglitten, er empfand seine Fragen als scharf und hatte das Gefühl, dass er ihn »zu demütigen versuchte« (14).

Hübsch und selbstbewusst

Emma. Emma ist die Nichte des Schuhmachers Flaig aus Heilbronn. Sie ist achtzehn oder neunzehn Jahre alt, »wohlgebaut und von vollen Formen« (133). Sie wird als lebenslustiges Mädchen beschrieben, immer fröhlich und heiter, mit »dunklen, warm blickenden Augen« (133) und einem hübschen Mund. Sie hilft Flaig beim Mostmachen. Der gehemmte und in der Liebe und im Umgang mit Frauen unerfahrene Hans hat ein wenig Angst vor ihr, ist schüchtern und unbeholfen, wenn sie da ist. Während er nach der Zeit im Internat keinen Freund mehr in der Stadt hat, ist sie erst kurz da und »kannte schon die ganze Stadt« (134).

Sie scherzt und spielt mit den Kindern und versteht es, Hans aus seiner Einsamkeit herauszulocken. Er verliebt sich sofort in sie. Plötzlich erscheint ihm die Welt wieder bunt, die beiden berühren sich, wie zufällig, immer wieder. In dieser Szene beschreibt der Erzähler, dass sich eine ganz neue Welt für ihn öffnete, Lust vermischt sich mit Schmerz (134).

Am Abend trifft er sie, sie küsst ihn und bittet ihn, am nächsten Abend wiederzukommen. Den ganzen Tag denkt er an sie, abends küssen sie sich wieder. Sie nimmt seine Hand und legt sie sich auf ihre Brust, sogar unter das Mieder, auf die nackte Haut. Er ist in einen wörtlich zu verstehenden Taumel der Liebe geraten, den sie bei ihm willentlich verursacht, denn sie merkt, dass er unerfahren ist und sich verliebt hat. Einen Tag später muss Hans hören, dass sie am Morgen abgereist ist, ohne ihm etwas davon zu sagen. Sie hat nur mit ihm gespielt und ihn damit sehr verletzt.

Ein durchschnittlicher Bürger

Josef Giebenrath. Schon in den ersten Sätzen des Romans wird Josef Giebenrath, Hans' Vater, vorgestellt, nichts unterscheidet ihn von allen anderen Bürgern, er ist wie sie alle. Hesse beschreibt ihn als normalen Bürger, mit dem »angemessenen Respekt vor Gott und der Obrigkeit und blinde[r] Unterwürfigkeit gegen die ehernen Gebote der bürgerlichen Wohlanständigkeit« (7), einer Verehrung des Geldes und einer laschen Religiosität, ohne große geistige Fähigkeiten und ohne Hang zur Kultur. Er macht auch manchmal krumme Geschäfte, trinkt etwas zu viel, aber alles in Maßen. Etwas später erscheint er als ganz und gar unindividueller Spießbürger: »Er hätte mit jedem beliebigen Nachbarn Namen und Wohnung vertauschen können, ohne daß irgend etwas anders geworden wäre« (7f.). Er ist im Buch, wie viele andere Personen auch, weniger ein Charakter als ein Typus, ein bis zum Klischee gezeichneter Kleinbürger.

Von vornherein wird klar, dass der Vater, der den Jungen allein erziehen muss, seinen Sohn nicht versteht. Von Ehrgeiz getrieben, will er, dass Hans Karriere macht. Er ist stolz, als es zu gelingen scheint, und als der Rektor ihn und seinen Sohn am Bahnhof verabschiedet, kann er »vor Aufregung, Freude und Stolz gar nicht stillstehen« (18). Das ist auch der Grund, warum er sich gegen die Zumutungen der Lehrer, die Hans selbst in den Ferien zum übermäßigen Lernen anspornen, nicht wehrt: »In seinem schwerfälligen Kopf lebte dunkel das Ideal so vieler beschränkter Leute, aus seinem Stamm einen Zweig über sich hinaus in eine Höhe wachsen zu sehen, die er mit dumpfem Respekt verehrte« (51).

In Stuttgart regt er sich deswegen auf, als Hans mutlos

wird, aber auch, weil er ihm den teuren Gymnasiumsbesuch nicht bezahlen kann: Er ist für die Karriere seines Sohns auf das Stipendium angewiesen. Als er von seinem nachlassenden Eifer hört, schreibt er einen entsetzten Brief (111), dessen Inhalt zwar nur aus Redensarten besteht, aber trotzdem eine »weinerliche Kläglichkeit« zeigt, die Hans mit Schmerzen sieht.

Klug und praktisch, aber ohne Verständnis

Im normalen Umgang ist Giebenrath »klug und praktisch« (57), wie man beim Auspacken der Kleider seines Sohns sieht. Aber alles, was darüber hinausgeht, überfordert ihn. So wird auch das Weihnachtsfest bei Giebenraths geschildert, es gibt zwar viele Geschenke, aber es »fehlte Gesang und Festbegeisterung« (84).

Als Hans aus der Schule entlassen wird, hat sein Vater Angst vor ihm, so etwas wie eine Nervenkrankheit ist dem praktischen Mann unheimlich. Als er ihn einmal ein todessehnsüchtiges Lied summen hört, ist er erschrocken und betrachtet ihn fast als etwas geistesschwach. Er ist erleichtert, dass Hans sich zu einem handwerklichen Beruf entschließen kann, schenkt ihm sogar etwas Geld, als dieser mit August und anderen Gesellen am Sonntag ausgeht.

Bis zum Schluss ist deutlich, dass er seinen Sohn nicht versteht. Noch bei der Beerdigung sagt er, es sei doch alles gut gegangen, und dann sei auf einmal ein Unglück nach dem anderen passiert. Er versteht auch nicht, was Flaig sagt, der sich und den anderen die Schuld an Hans' Tod gibt.

4. Die Struktur des Werks

Eineinhalb Jahre

In *Unterm Rad* werden etwa eineinhalb Jahre erzählt, vom Frühling des ersten Jahres bis zum Herbst des nächsten Jahres, chronologisch läuft die Geschichte vor den Augen des Lesers ab. Sie ist in drei größere Abschnitte aufgeteilt, die ersten beiden Kapitel berichten von den Anfängen des Konflikts, sie zeigen Hans als willigen und ehrgeizigen Schüler, der das Landexamen mit Bravour als Zweiter besteht. Kapitel 3 und 4 handeln von Hans Giebenraths allmählichem Abstieg im Internat, als er Hermann Heilner begegnet ist, sich von der Freundschaft zu Hermann beeinflussen lässt, seinen Ehrgeiz aufgibt und die Lehrer ihm nicht helfen können. Kapitel 5 bis 7 zeigen Hans' Rückkehr in die Heimat, seine Verlorenheit und Einsamkeit und die Erinnerungen an seine Kindheit, die noch voller Leben für ihn war. Das letzte Kapitel scheint noch einmal alles zusammenzufassen: die verständnislose Umwelt und Hans' Unfähigkeit, sich anzupassen und erwachsen zu werden. Der einzige Ausweg bleibt der Tod, bei dem allerdings nicht geklärt wird, ob es ein Unfall oder Selbstmord ist.

Der erste große Abschnitt zeigt Hans in seiner Heimat, dem kleinen Schwarzwaldort, wo er zu großen Hoffnungen Anlass gibt, der zweite im Kloster und Internat Maulbronn, der dritte wieder in seiner Heimat, wo sich nach seinem hoffnungsvollen Aufbruch ein melancholischer Abgang andeutet und schließlich auch vollzieht.

Die erzählte Zeit umfasst allerdings einen größeren Zeitraum als diese eineinhalb Jahre, da auch einige Ereignisse aus Hans' Kindheit berichtet werden. Damit wird sein gesamtes

Leben, seine ganze Entwicklung von der Kindheit bis zum frühen Tod zum Gegenstand des Romans.

Auktorialer Erzähler

Die Perspektive ist die eines auktorialen, allwissenden Erzählers, der die Gefühle und Gedanken der Personen kennt. Er überblickt den gesamten Ablauf, macht auf die wichtigsten Ereignisse und ihre Konsequenzen aufmerksam und führt den Leser bis zu Hans' Tod und zur letzten Verurteilung der Autoritäten durch den Schuster Flaig. Der Erzähler mischt sich auch direkt kommentierend und wertend ein, gibt allgemeine Statements über die Erziehung ab, über den Lehrerberuf und seine Tücken, über das Spießerleben im Schwarzwald. Er bewertet seine Figuren, seine Sympathien stehen eindeutig auf der Seite des Knaben, er verurteilt die Ahnungslosigkeit des Vaters und die Brutalität der Lehrer. Das geht so weit, dass er in manchen Passagen sogar ins Dozieren verfällt.

Ironischer Kommentator

Die andere vorherrschende Haltung des Erzählers ist die des ironischen, manchmal sogar sarkastischen Kommentators. Bereits auf der ersten Seite bei der Vorstellung von Hans' Vater scheint eine bittere Ironie auf, wenn er dessen Charaktereigenschaften in dem Satz zusammenfasst: »Er hätte mit jedem beliebigen Nachbarn Namen und Wohnung vertauschen könne, ohne daß irgend etwas anders geworden wäre« (7f.). Die Armseligkeit dieser Existenz schließt sich in einem großen Bogen am Ende des Buches mit des Vaters völliger Ahnungslosigkeit. Hans' Leben wird so auch formal in einen großen Kreis eingeschlossen, aus dem es für ihn kein Entrinnen gibt.

Sarkasmus

Wenn es um die Schule geht, wird der Sarkasmus des Erzählers überdeutlich. Hans' körperliche Schwäche und seine Müdigkeit werden als »Vergeistigung« (11) bezeichnet. Dass bei ihm das Erziehungsziel erreicht wird, erklärt der Erzähler damit, dass er alles, was ihm bis dahin Spaß gemacht hat, nicht mehr tut, einiges sogar »fast von selber« (48) nicht mehr: »Das Strolchen und Spielen hatte er fast von selber abgelegt, das dumme Lachen in den Lektionen kam ihm längst nicht mehr vor, auch die Gärtnerei, das Kaninchenhalten und das leidige Angeln hatte er sich abgewöhnen lassen« (48). Das Kloster Maulbronn wird als idyllischer Ort beschrieben, in dem aber »den Jünglingen jahrelang das Studium der hebräischen und griechischen Sprache samt Nebenfächer allen Ernstes als Lebensziel« (55) eingebläut wird. Die Lehrer selbst bekommen den meisten Spott und Hohn ab. Sie werden als Hauptschuldige dafür gesehen, dass die Kinder nur »abgerichtet« werden. Einmal wird der Rektor erwähnt, der Erzähler kommentiert: »Man sage nicht, Schulmeister haben kein Herz und seien verknöcherte und entseelte Pedanten! […] Seine Pflicht und sein ihm vom Staat überantworteter Beruf ist es, in dem jungen Knaben die rohen Kräfte und Begierden der Natur zu bändigen und auszurotten und an ihre Stelle stille, mäßige und staatlich anerkannte Ideale zu pflanzen« (47). Bei Hans endet dieses Ausrotten der Kräfte der Natur mit dem Tod des Jungen.

Mehrmals wird die Haltung der Lehrer, den Schülern historische Vorbilder vor Augen zu halten, mit dem tatsächlichen Leben kontrastiert. So sagt Hermann Heilner: »Wenn einer von uns einmal probieren wollte, ein bißchen griechisch zu leben, so würde er rausgeschmissen« (71). Und von den »Genies« heißt es, sie seien den Lehrern ein Gräuel.

Ein wichtiges Strukturmerkmal in *Unterm Rad* ist die

Gegensätze

Konstruktion und das Vergleichen von Gegensätzen. Hesse stellt nicht nur gegensätzliche Personen nebeneinander, sondern greift auch in allgemeineren Zusammenhängen zu diesem Kunstgriff.

Schon die Hauptfigur des von Schule und Elternhaus gequälten Jungen zerfällt in zwei Personen, Hans und Hermann. Während Hans ein Streber ist, ist Hermann ein Schwärmer, während Hans ein Leidender ist, ist Hermann ein selbstbewusster Dichter, während Hans scheitert und stirbt, geht Hermann von der Schule ab und sucht sich einen eigenen Weg.

Den Lehrern und dem Pfarrer, denen vor allem die Leistung wichtig ist, stellt Hesse den Pietisten Flaig gegenüber. Während der Stadtpfarrer ein Versagen undenkbar findet, betont Flaig den Wert des Menschen, statt der Selbstdefinition durch Leistung verweist er darauf, dass »Gott mit jeder Seele seine besonderen Absichten habe« (14). Ein Versagen gibt es hier nicht.

Präfiguration

Ein anderes, häufig in Hesses Werk vorkommendes Struktursymbol ist die Vorausdeutung früherer »Vorbilder«, die Präfiguration. In *Unterm Rad* sind es gleich zwei Präfigurationen. Einmal Hans' Freund Hermann Rechtenheil, der ihm das Angeln beibringt. Hier deutet schon der Name Hermann und das Wortpartikel »heil« eine Ähnlichkeit mit Hermann Heilner an, der das »Heil« auch im Namen trägt und Hans ebenso einen Weg aus dem intellektuellen Leben zeigt. Die andere Präfiguration ist Emma. Auch hier wird, bevor er Flaigs Nichte Emma kennen lernt, von einer Emma berichtet, der Hans schon nachgelaufen ist. Mit beiden Frauen kommt Hans an kein glückliches Ende, die eine bemerkt sein Werben wahrscheinlich nicht einmal, die andere spielt mit ihm und nutzt ihn aus.

Zwei Lebensbereiche

Mit dem Elternhaus in der Gerbergasse und der dunklen Welt in der Gerberei und in der Gasse »Zum Falken« kontrastiert Hesse zwei Lebensbereiche miteinander, wobei Hans' Elternhaus direkt an der Ecke zwischen den »zwei sehr verschiedenartigen Gassen« (118) steht. Damit deutet Hesse an, wie sehr sich Hans auf der Kippe zwischen den beiden Welten bewegt.

Einige andere Symbole sind für den Text wichtig: das Rad, die Kopfschmerzen, der Tod und das Angeln.

Das Rad

Das Rad kommt in verschiedenen Ausprägungen vor. Von zentraler Bedeutung ist die Anmerkung des Ephorus in Maulbronn: »Nur nicht matt werden, sonst kommt man unters Rad« (95). Der Titel des Romans sagt allerdings schon, dass Hans bereits unter das Rad gekommen ist. Hier treffen zwei verschiedene Auffassungen aufeinander: Während für den Lehrer »unters Rad« bedeutet, dass Hans in der Schule versagt, erkennt der Leser, dass Hans gerade durch die Schule im Leben versagt, dass er durch die zu hohen Anforderungen und seinen eigenen Ehrgeiz unter das Rad getrieben wird. Auf diese Überforderung wird in ähnlichen Formulierungen im Text angespielt: »Ohne das kommt man leicht aus dem Geleise«, sagt der Lehrer (49), in der Begegnung mit Emma kommt sich Hans vor »wie eine vom Wagenrad gestreifte Wegschnecke« (133).

Früh im Text taucht das Rad als Wasserrädchen auf, das Hans zwei Jahre zuvor spielerisch gebaut hat, es liegt verbogen und zerbrochen im Gartenhäuschen. Hans, der Angst vor der Prüfung hat, die am nächsten Tag beginnen soll, biegt daran herum, zerbricht es und richtet seine Aggressionen, mit denen er seine Enttäuschung über den Verlust der schönen Zeit mit seinem Freund August abreagiert, gegen das Spielzeug: »Fort mit dem Zeug, das war ja alles schon lang aus und vorbei« (16). Denn er hatte zwar lange dort gespielt, aber dann war »die Streberei losgegangen« (16) und er hat keine Zeit mehr für Spiele gehabt.

Als Hans Lehrling wird, taucht auch das Rad wieder auf, jetzt nicht mehr als Spielzeug, sondern als gusseiserne Zahnräder, die Hans mühsam abkratzen und polieren muss. Zunächst empfindet er die körperliche Arbeit, der er kaum gewachsen ist, als befreiend, weil er bei ihr nicht mehr beweisen muss, dass er etwas Besseres ist. Er erfährt auch, dass das Rad, an dem er feilt, Teil einer Turmuhr werden soll, merkt also, dass er etwas Sinnvolles und Schönes macht. Dann aber spürt er vor allem die körperliche Härte, er ist »todunglücklich […] und kratzte hoffnungslos an seinem Rädchen herum« (156).

Das Angeln

Das Angeln ist das Gegensymbol zum Rad. Hans hat es von Hermann Rechtenheil gelernt, es taucht im Text immer wieder symbolisch als ein zweckfreies Tun auf, ohne Anstrengung und Anforderungen. Zwar fängt Hans auch Fische und bringt sie seinem Vater oder dem Rektor seiner Schule, aber der Sinn des Angelns ist, nur noch das Dasein zu genießen und zu träumen. Dass er das Angeln in der Kindheit gelernt hat, noch dazu von einem verkrüppelten Freund, zeigt sehr deutlich, wie entfernt diese Tätigkeit von allem Nützlichen und Ehrgeizigen ist.

Wie sehr Hans schon unter das Rad gekommen ist, zeigt sich an den vielen Erwähnungen von Kopfschmerzen und Müdigkeit, worunter Hans bereits früh im Roman leidet (12) und was er fast schon als Normalzustand empfindet. Die Kopfschmerzen ziehen sich als Leitmotiv durch das ganze Buch und werden Hans bis zum Schluss nicht verlassen.

Die Erschöpfung

Die Erschöpfung deutet auf den frühen Tod hin, der sich durch viele andere sprachliche Signale ankündigt. Schon auf den ersten Seiten wird die Prüfung in Stuttgart als »Hekatombe« bezeichnet, als großes Menschenopfer. Vor allem im fünften Kapitel werden Todesgedanken deutlich ausgesprochen, als »trügerischer Tröster« (117), der Hans allmählich vertraut wird. Er spielt mit dem Gedanken, sich aufzuhängen, wählt den Ast im Wald aus und denkt an zwei Briefe, die man bei ihm finden soll. Wie im Roman *Der Steppenwolf* gibt auch hier der Gedanke an den Selbstmord dem Protagonisten die Kraft, weiterzuleben: »Der Gedanke war gefaßt, sein Tod war eine beschlossene Sache« (118), und in diesem Sinn genießt Hans die letzten schönen Sonnentage.

Das Wasser

Weitere Todessymbole sind in Hans' früher Faszination (12 ff.) durch das Wasser zu sehen, in dem er am Ende sterben wird, in Maulbronn stirbt ein Mitschüler im Wasser; als Hermann weggelaufen ist, wird vermutet, dass er »ins Wasser gesprungen« (108) sei, und auch Hans' Seele ist wie im tiefen Wasser: »Keiner, außer vielleicht jenem mitleidigen Repetenten, sah hinter dem hilflosen Lächeln des schmalen Knabengesichts eine untergehende Seele leiden und im Ertrinken angstvoll und verzweifelt um sich blicken« (111).

5. Wort- und Sacherläuterungen

7,17 **Voressen:** süddt. für: Ragout.

7,28 **Metzelsuppe:** süddt. für: Wurstsuppe.

7,20 **Philister:** hier: Spießbürger.

8,35 die **Reden Zarathustras:** Anspielung auf: Friedrich Nietzsche: *Also sprach Zarathustra* von 1883–85.

8,28 **Hypertrophie:** (griech.) zu schnelles Wachstum.

9,1 **Habitus:** Aussehen.

9,29 **Hekatombe:** (griech.) großes Opfer, großer Verlust an Leben.

10,10f. **prosodischen Feinheiten:** Feinheiten der Sprache im Vers.

10,23 **aus dem Brenzischen Katechismus:** reformierter Katechismus von Johann Brenz (1499–1570), ein Leitfaden des Glaubens in Frage und Antwort.

12,2 **Botticelli:** Sandro Botticelli, italienischer Maler (1444/45–1510).

17,26 **Xenophon:** griechischer Schriftsteller (um 400 v. Chr.).

25,16 **Aorist:** in der griechischen Grammatik ein (Vergangenheits-)Tempus des Verbs.

28,10 **Schnappsack:** veraltet für: Rucksack.

29,35 **Chrestomathie:** (griech.) Auswahl von (Prosa-)Autoren, die für die Schule geeignet scheinen.

32,26 **Öhmd**geruch: schwäbisch-badisch für das zweite Mähen.

38,15ff. **»Wenn i's no au so hätt ...«:** schwäbisches Spottlied: Wenn ich's nur auch so hätt' wie des Schulzes Lisabeth! Die liegt am Tag im Bett, so hab ich's nicht.

40,13 **Öhrn:** süddt. für: Hausflur.

40,30 **Bengel:** Johann Albrecht Bengel (1687–1752), schwäbischer Pietist.

40,30 **Oetinger:** Friedrich Christian Oetinger (1702–82), lutherischer Theologe.

40,30 **Steinhofer:** Friedrich Christian Steinhofer (1701–1761), evangelischer Kirchenlieddichter und Autor.

40,31 **Mörike:** Eduard Mörike (1807–75), schwäbischer Dichter.

50,1 **Homer:** (8. Jh. v. Chr.), griechischer Dichter.

50,2 **Prosodie:** Lehre von der metrisch-rhythmischen Behandlung der Sprache.

54,5 **Zisterzienserkloster Maulbronn:** 1147 gegründet, ab 1557 evangelische Klosterschule.

54,22 **Oratorium:** für die Katholiken Raum für den Gottesdienst, der nicht in der Kirche abgehalten wird.

54,22 f. **Parlatorium:** Sprechraum in Klöstern, in denen gesprochen werden darf.

54,23 **Laienrefektorium:** Speisesaal der Laienbrüder.

55,36 **Dorment:** Schlafsaal oder Schlaftrakt.

59,11 **Nürnberger Trichter:** hier scherzhaft für eine Lehrmethode, bei der auch dem Dümmsten etwas »eingetrichtert« werden kann.

61,17 **Ephorus:** Leiter eines evangelischen Internats.

68 **Schilflieder Lenaus:** Nikolaus Lenau (1802–50), österreichischer Dichter.

76,1 **Pentateuch:** die fünf Bücher Mosis in der Bibel.

76,15 f. **Livius:** Lucius Livius Andronicus (3. Jh. v. Chr.), lateinischer Dichter.

78,25 **ossianische Stimmungen:** nach Ossian, legendärer Dichter, Held eines irischen Sagenkreises.

79,9 **Shakespeare:** William Shakespeare (1564–1616), englischer Dramatiker.

80,30 **Karzerstrafe:** Haftstrafe in Schulen und Universitäten.

80,35 **Promotion:** Jahrgang in den Klosterschulen.

83,25 f. **»Per aspera ad astra!«:** (lat.) durch Ungemach zu den Sternen.

90,31 **Juvenal:** Decimus Iunius Juvenalis (um 60 – nach 127), römischer Satirendichter.

93,30 **Doktor Faust:** Johann Faust (um 1480 – um 1536), sagenhafter Alchimist.

94,29 **»differendum est inter et inter«:** (lat.) der Unterschied liegt dazwischen, d. h., zwei ähnliche Dinge müssen nicht gleich sein.

100,9 **Distichen:** Distichon: Verspaar aus einem (sechshebigen) Hexameter und einem (fünfhebigen) Pentameter.

100,17 **Xenien:** ursprünglich Gelegenheitsgedichte, von Goethe und Schiller so bezeichnete satirische Verse in ihrem *Musenalmanch auf das Jahr 1797*.

101,4 **der famose Aretiner:** Pietro Aretino (1492–1556), italienischer Dichter.

116,2 f. **[griechische Passage]:** »Als sie ihn erkannten, liefen sie gleich herbei.« Markus-Evangelium.

123,4 f. **Unschlittkerze:** billige Kerze aus Talg.

129,28 **Mosttrebern:** Rückstände bei der Gewinnung von Most aus Obst.

129,35 **Mostkeltern:** Geräte zum Herstellen von Most.

131,13 **Grimmen:** Bauchschmerzen.

131, 22 **dalketer:** ungeschickter.

131,25 **akrat:** akkurat, genau.

131,26 **meh net:** (schwäbisch) mehr nicht.

131,27 f. **»s'isch no guet …«:** (schwäbisch) Es ist nur gut, dass wir nicht im Hochsommer Most machen, sonst würden wir alles gleich austrinken.

133,20 **Goßner:** Johannes Goßner (1773–1858), erst katholischer, dann evangelischer Geistlicher.

144,16 **Sedansfest:** Fest zur Feier des Siegs der deutschen über die französische Armee bei Sedan 1870.

152,21 **Herkules:** mit übermenschlichen Kräften ausgestatteter Held der griechischen Sage.

154,6 **Waschmange:** Wäschemangel.

167,23 **Meerrohr:** Spazierstock, Rohrstock.

6. Interpretation

Mehrere Faktoren kommen zusammen, dass der Weg von Hans Giebenrath tödlich endet. Es sind nicht nur der gesellschaftliche Druck, die Anforderungen der Schule und der Wunsch seines Vaters, seinen Sohn sozial aufsteigen zu sehen. Hans selbst ist auch von sich aus ehrgeizig, will sich von seinen Schulkameraden abheben und kann in der Pubertät mit den Forderungen seines Körpers nicht umgehen. Dazu kommen wohl eine geistige Disposition zum Phantasieren und Träumen, eine gesteigerte Empfindlichkeit und die fehlende emotionale Unterstützung durch seinen Vater.

Entwicklungsroman

Unterm Rad ist ein Entwicklungsroman, der einen Ausschnitt aus dem Leben eines noch jungen Menschen herausgreift und das Ende einer Kindheit beschreibt. Am Beispiel von Hans Giebenrath wird gezeigt, dass der Wechsel in das Erwachsenendasein mit großen Schwierigkeiten behaftet sein kann. Bei Hans gibt es keinen kontinuierlichen Übergang, sondern nur Brüche. Seine Schulkarriere bricht ab, die Aussicht auf ein Leben als Wissenschaftler oder Geistlicher ist beendet, er muss einen handwerklichen Beruf erlernen, und die Sexualität, die ihn bedrängt, ist und bleibt ihm fremd und bedrohlich. Hans reagiert regressiv, mit Erinnerungen an seine Kindheit, mit Verzweiflung, Unsicherheit und letztlich mit seinem Tod.

Schule und Erziehungssystem

Hesses Erzählung *Unterm Rad* wurde von ihm selbst später als »Schülerroman« bezeichnet und damit in eine Reihe mit Emil Strauß' *Freund Hein* (1902), Robert Musils *Verwirrungen des Zöglings Törleß* (1906) und Frank Wedekinds Drama *Frühlings Erwachen* (1891) gestellt. In diesen und vielen anderen Werken der Jahrhundertwende wurde das Schul- und Erziehungssystem der wilhelminischen Epoche und mit ihm die Gesellschaft insgesamt vehement kritisiert. Vor allem die Erziehung zu einem gehorsamen und willfährigen Untertanen und das von Hesse auch in anderen Werken beklagte Brechen des Individuums steht immer wieder im Fokus dieser Werke. In vielen Romanen und Theaterstücken endet dies, wie auch bei Hesse, mit dem Tod.

Schülerroman

In *Unterm Rad* zeigt Hesse, welchen Schaden solch eine einseitige Erziehung anrichten kann, wenn sie auf Menschen trifft, die sich nicht anpassen können. Weder Hans Giebenrath noch Hermann Heilner gelingt diese Anpassung: Heilner wird hinausgeworfen und verlässt die Schule auf Nimmerwiedersehen, Hans wird entlassen und stirbt.

Vor allem am Beispiel Heilners, der sich gegen die Unterdrückung seiner Individualität zur Wehr setzt, zeigt Hesse, warum die Unterdrückung funktionieren muss: »Genies« nämlich sind den Lehrern ein Gräuel. »Für sie sind Genies jene Schlimmen, die keinen Respekt vor ihnen haben, die mit vierzehn Jahren zu rauchen beginnen, mit fünfzehn sich verlieben, mit sechzehn in die Kneipen gehen, welche verbotene Bücher lesen, freche Aufsätze schreiben, den Lehrer gelegentlich höhnisch fixieren und im Diarium als Aufrührer und Karzer-

Genies

kandidaten notiert werden. Ein Schulmeister hat lieber einige Esel als ein Genie in seiner Klasse, und genau besehen hat er ja recht, denn seine Aufgabe ist es nicht, extravagante Geister heranzubilden, sondern gute Lateiner, Rechner und Biedermänner« (92 f.). Etwas später heißt es, man sehe in der Schule stets »das Schauspiel eines Kampfes zwischen Gesetz und Geist« (93), den die Obrigkeit mit den Schülern führt.

Sicht der Lehrer

Hesse erklärt hier die Situation aus der Sicht der Lehrer. Seine Polemik macht deutlich, dass sie die Frechheiten, Aufsässigkeiten, Respektlosigkeiten nicht dulden können. Dazu gehört auch, sich eine eigene Meinung zu bilden und ein Leben zu führen, das aus der Schule herausführt. Gerade das Internat Maulbronn war ja von der Umwelt abgesondert, die Schüler waren eigentlich Tag und Nacht unter Kontrolle. Da war ein Verstoß gegen die Regeln wie ein Ausbrechen aus dem gesamten vorgeschriebenen Leben.

An dieser Stelle sagt Hesse aber auch, dass die wirklich Genialen trotz der harten Regeln und der Wunden, die man ihnen zufügt, ihren Weg gehen und später die Werke schaffen, die dann wieder in der Schule durchgenommen werden. Damit hat er den Konflikt benannt, den auch Hermann Heilner einmal offen ausspricht (70 f.): Er beklagt sich über die Doppelmoral der Lehrer, die den Schülern die »alten Griechen« als Vorbild hinstellen (auch die Stuben heißen »Hellas«, »Athen« oder »Sparta«), aber nicht wollen, dass sich die Schüler tatsächlich so verhalten.

Vermittlung von Wissen

▮ Ziel der Erziehung in Maulbronn ist keinesfalls eine individuelle Entwicklung oder eine Förderung der Persönlichkeit, wie sie manche Reformschule anstrebte, sondern die Vermittlung von Wissen und die Vorbereitung auf das theologische Seminar in Tübingen und das spätere Theologenleben. Wer sich gegen diese Prinzipien wehrt, wird ausgemustert oder zerbrochen. Das ist erklärtes Ziel dieser Erziehung, welches Hesse in seinem Werk und vielen Briefen mehrfach benennt, auch in *Unterm Rad* (vgl. etwa 93).

Von den Lehrern wird nicht Verständnis erwartet, sondern Autorität. So werden sie in *Unterm Rad* dargestellt, voller Wissen, aber ohne Verständnis für die Nöte von unfertigen, jungen Menschen. Persönlichen Problemen der Kinder begegnet man nicht mit Liebe und Verständnis. Man antwortet mit autoritärer Härte, wenn die Schüler aus dem Raster fallen, sogar mit doppelter Härte, wie es einmal heißt (93), der Karzer ist als Disziplinarstrafe sehr beliebt. Hans und Hermann wird einfach der Umgang miteinander verboten. Als Hans Anzeichen von Erschöpfung zeigt, wird er von den Lehrern gedemütigt und getadelt. Sie suchen nicht die Ursachen, sondern schieben die Schuld an der Verhaltensänderung auf den schlechten Einfluss, den Hermann ausgeübt haben mag.

Ohne Verständnis und Unterstützung

Nur der Ephorus, der Leiter des Internats, unternimmt einen halbherzigen Rettungsversuch und versucht sich als väterlicher Freund, den er, wie Hesse schreibt, »als Virtuos« (94) beherrscht. Auch ihm gelingt es nicht, mehr als Ermahnungen anzubringen, Hans muss ihm versprechen, sich Mühe zu geben. Er versucht es sogar, aber da die Ursache tiefer und woanders liegt als am Fleiß, ist es dem Ephorus nicht gelungen, eine wirkliche Änderung und Heilung herbeizuführen. Später wird gesagt, dass er Hans »mit deutlicher Absicht vernachlässigt« (98). Auch die Konsultationen beim Arzt, der vage von »Nervengeschichten« (103)

spricht und frische Luft verschreibt, sind nur hilflose Gesten, aber keine wirkliche Hilfe. So bleibt Hans allein gelassen und ohne Verständnis und wahre Unterstützung durch einen Erwachsenen. Am Ende seiner Schulkarriere wird er still entfernt, damit er kein Aufsehen erregt. Man sagt, er müsse gesund werden, aber jeder weiß, dass er aus seinem »Erholungsurlaub« nicht wieder zurückkehren wird.

Die deutlichste Kritik an der Unterrichtsführung spricht Hermann Heilner aus, als er sich einmal über den Griechischunterricht beklagt (70). Homer werde wie ein Kochbuch gelesen, die einzelnen Verse nach den Regeln der Grammatik analysiert, aber den Geist des Ganzen, das Dichterische bekomme man nie gelehrt.

Vision und körperhafte Anschauung

Heilner scheint die Poesie sehr lebendig zu erleben, auch Hans gelingt das manchmal, ohne dass er es willentlich hervorrufen könnte. Dann hören die griechischen Helden auf, bloße Namen und grammatische Probleme zu sein, sondern bekommen »lebendige, rote Lippen und jeder sein Gesicht und seine Hände« (96). Selbst Jesus erlebt er einmal in einer Vision während einer Griechischlektion als lebendigen Menschen, es ist, wie es später heißt, eine Art körperhafte Anschauung. So etwas wird aber von den Lehrern nicht gewünscht, da es nicht zum Lehrplan gehört, sondern sogar als krankhaft angesehen und bestraft.

Wissen und intellektuelle Freude

Erst spät merkt Hans selbst, was diese Erziehung bei ihm anrichtet. Er spürt nur Müdigkeit und Kopfschmerzen, bringt sie aber nicht mit dem Lernstress in Zusammenhang.

Fasziniert von der geistigen Herausforderung

Denn immer wieder spürt er auch ein intellektuelles Vergnügen, das über die Eitelkeit und den Stolz auf seine erreichten Leistungen weit hinausgeht und auch nichts mit seiner Überheblichkeit gegenüber den anderen Schulkameraden zu tun hat. Schon in der ersten Unterrichtsstunde des Stadtpfarrers bekommt Hans eine Ahnung davon, wie der Text des Lukas-Evangeliums einen eigentümlichen Geist entfaltet und welche gewaltige Wissens- und Geistesmasse hinter ihm steht. Er fühlt sich selbst bereits als Wissenschaftler, es kommt ihm vor, »er selber werde in dieser Stunde in den Kreis der Wahrheitssucher aufgenommen« (46). Bei den Privatstunden in seinem Heimatort ist Hans immer wieder fasziniert von der geistigen Herausforderung, er spürt, was für intellektuelle Belohnungen und Freuden auf ihn warten. Und manchmal gerät er in einen Rausch, der seinen Verstand schärft und ihn den Text fast ohne Wörterbuch verstehen lässt.

Theologische Erziehung

Deutlich kritisch wird vom Erzähler der Ort der Erziehung, das Kloster Maulbronn, eingeführt: Viele hätten sich schon gedacht, »hier müßte etwas Lebendiges, Beglückendes wachsen können, hier müßten reife und gute Menschen ihre freudigen Gedanken denken und schöne, heitere Werke schaffen« (55). Zugleich wird die Weltabgeschiedenheit des Klosters betont, in dem die Schüler jahrelang Hebräisch und Griechisch lernen würden. Schon im nächsten Satz macht der Erzähler seine Stellung klar. Er sagt, dass den Schülern

Lebenslange Prägung

das Studium »allen Ernstes als Lebensziel« vermittelt wird und dass sie durch den Aufenthalt im Kloster »eine feine und sichere Art der Brandmarkung« aufgedrückt bekommen (55), eine brutale Formulierung, die die Unausweichlichkeit ebenso wie die lebenslange Prägung deutlich macht.

Zu diesem Schulsystem innerhalb der evangelisch-theologischen Ausbildung gehört nicht nur die Vermittlung von theologischem Wissen, sondern auch die Unterdrückung des natürlichen Menschen, der lernen soll, seine Körperwahrnehmungen und Bedürfnisse als sündig oder schlecht zu bewerten, sie zu miss- oder zu verachten. Nur das abfragbare Wissen zählt, selbst normale Gefühlsäußerungen wie Weinen sind verpönt (vgl. 72). Unabhängigkeit, wie sie Hermann Heilner vorlebt, der sich von den anderen absondert, den Unterricht kritisiert, wenig lernt und doch ein guter Schüler ist, Unabhängigkeit kann es in so einem System nicht geben. Heilners Fähigkeit, über den Anforderungen zu stehen und dem Druck von außen zu begegnen, statt ihn nur erleiden zu müssen, lässt ihn denn auch die Schule verlassen. Sein Satz, »Ich bin Zwanzigster und darum doch nicht dümmer als ihr Streber« (77), ist eine Provokation für Hans und auch für das Schulsystem, das auf Streberei geradezu aufbaut, sie zumindest fördert.

Natur bändigen

Das Erziehungsideal, das Hesse in *Unterm Rad* exemplarisch kritisiert, beruht darauf, dass der Wille und eigenständige Charakter des Knaben gebrochen werden muss. Als der Erzähler vom Rektor berichtet, heißt es, dass es seine Pflicht war, »die Natur zu bändigen und auszurotten und an ihre Stelle stille, mäßige und staatlich anerkannte Ideale zu pflanzen« (47). So wie die Natur begradigt und auch mal brutal geregelt werden muss, so muss auch die Schule »den natürlichen Menschen zerbrechen, besiegen und gewaltsam einschränken« (48).

Leistungsdenken

Hans Giebenrath wird von einem Leistungsdenken getrieben, das er selbst verinnerlich hat. Zwar wird er von den Lehrern, dem Pfarrer und dem Bürgermeister gefordert und gefördert, aber er ist Teil des Systems, auch er will viel leisten. Hans geht sogar noch weiter: Er will sich von der Masse abheben und ist stolz und überheblich, als ihm das gelingt. Sein Ziel ist es, »obenan zu sein und keinen neben sich zu dulden«. Im Landexamen will er einem anderen Schüler nicht helfen, weil er Angst hat; freiwillig lernt er auch in den Ferien, um sich richtig auf die Schule vorzubereiten; und als er von dem Ergebnis beim Landexamen hört, bei dem er Zweiter geworden ist, ärgert es ihn, dass er nicht als Erster abgeschnitten hat. Auch im Seminar versucht er, der Beste zu werden. Schon vorher hat er gewusst, »daß er im Seminar noch ehrgeiziger und zäher arbeiten müsse, wenn er auch dort die Kameraden hinter sich lassen wollte. Und das wollte er entschieden« (42). Hermann gesteht er, »das war nun eben meine Art von Ideal, ich wußte nichts Besseres« (91). Auch für Giebenrath kommt es lange auf die Leistung an, die man durch Noten bestätigt bekommt, nicht auf die eigenen Bedürfnisse, die dem vielleicht entgegenstehen könnten, wie die Sehnsucht nach Ruhe oder Freundschaft oder eigene Lerninteressen. Aber selbst vom Erzähler wird am Anfang bestätigt, dass Hans et-

Von der Masse abheben

was Besonderes an sich hat, ein Funke sei in ihn gesprungen, der ihn zum Talent oder sogar zum Genie machen könnte. Einmal verrät Hans indessen aus Ehrgeiz seinen Freund Hermann, als die Lehrer klar machen, dass es nicht ratsam ist, mit ihm gesehen zu werden.

Religion

Auch die Religion spielt, wenngleich oft im Hintergrund, eine mächtige Rolle. Zum einen ist Hans in einer Kleinstadt verwurzelt, in der zu den Honoratioren natürlich auch der Pfarrer gehört, und beim Lernen und dem Karrierewunsch ist er ein wichtiges Vorbild, zum anderen zielt Hans auf einen theologischen Beruf. Zu diesem Zweck bewirbt er sich um ein Stipendium und muss das Landexamen in Stuttgart bestehen, um auf das Internat in Maulbronn und dann auf das Stift in Tübingen gehen zu können. Der Pfarrer bestärkt ihn in diesem Wunsch.

Theologische Karriere

Der Stadtpfarrer ist Wissenschaftler, ein Philologe, der »mit Eifer Bibelkritik« (43) betreibt. Er hält sich nicht, wie frühere Pfarrer an Autoren wie Bengel, Oetinger und Steinhofer, lauter fromme Pietisten. Der Stadtpfarrer ist dafür bekannt, dass er Untersuchungen und Artikel für »gelehrte Journale« (43) und eigene Bücher schreibt. Was ihm fehlt, ist »träumerische Mystik und ahnungsvolle Grübelei [...], Liebe und Mitleid« (41). Der Erzähler betont an dieser Stelle den Gegensatz zwischen Theologie als Kunst und Theologie als Wissenschaft und meint, dass die Wissenschaft immer Recht habe, aber niemandem nütze, während die Kunst oft

Stadtpfarrer ist Wissenschaftler

irre, aber Trost und Freude bringe. Der Stadtpfarrer gehört zu den Wissenschaftlern. Deshalb kann er Hans auch keinen Trost bieten, als der gescheitert zurückkehrt und vereinsamt durch das Dorf irrt. Denn mehr als die Wissenschaft, die er ihm schon gegeben hat, »hatte er nicht« (116) und ist deswegen hilfloser als die menschlichen Pfarrer, die zwar wenig Latein können, aber »gute Augen und freundliche Worte für alles Leiden haben« (117). Auf der anderen Seite steht die pietistische Volksfrömmigkeit, die Schuhmachermeister Flaig repräsentiert. Der Pietismus, gegen Ende des 18. Jahrhunderts gegen eine erstarrte evangelische Kirche entstanden, forderte eine praktische Frömmigkeit und eine lebendige Glaubenserfahrung, nicht umsonst wird er im Roman von einem einfachen und menschlichen Handwerker vertreten.

Pietismus

Der Schuhmachermeister Flaig wird vom Erzähler etwas spöttisch als »ein zwar gescheiter, aber schlichter und einseitiger Mensch« bezeichnet, der zwar in seinen Versammlungen gut predigen könne, aber doch »beschränkt wie alle andern« (45) sei. Flaig warnt Hans vor dem Stadtpfarrer, den er für einen Ungläubigen hält, er redet ihm aber auch vor dem Examen gut zu, es sei nicht so schlimm, wenn er nicht bestehe, »das könne dem Besten passieren, und falls es ihm so gehen sollte, möge er bedenken, daß Gott mit jeder Seele seine besondern Absichten habe und sie eigene Wege führe« (14). Dass Hans in den Ferien lernt, hält er für Unsinn. Er ist der Einzige, der Hans' Magerkeit bemerkt, ihn nach seinem Kopfweh fragt und ihn ermuntert, sich »Luft und Bewegung und sein richtiges Ausruhen« (53) zu beschaffen. Er wünscht ihm, dass er ein

Schuhmachermeister Flaig ist ein einfacher, frommer Mensch

»Helfer und Lehrer der Seelen« (53) wird, die Wissenschaft ist ihm nicht wichtig. Außerdem betet er mit dem Knaben, was dem peinlich ist. So dogmatisch allerdings kann er wieder nicht sein: Immerhin lässt er die lebenslustige Emma bei sich wohnen.

Nach Hans' Scheitern lädt er ihn ein, ihm beim Apfelmosten zu helfen, während die anderen Dorfbewohner ihn zu meiden scheinen. Flaig ist der Einzige, der bei der Beerdigung sein Mitleid zeigt, indem er sagt, dass er den Jungen lieb gehabt, und eingesteht, dass auch er etwas versäumt hat.

Sensibilität und Mystik

Mit seiner übergroßen Sensibilität überschreitet Hans einige Male die Grenzen zur Mystik, ein Element, das auch der pietistischen, oft schwärmerischen Religiosität eigen ist. Schon im Unterricht mit dem Stadtpfarrer wird Hans oft von einem Schwung getragen, der seinen Verstand schärft, seinen »Erkenntnisdurst« (47) weckt und gleichzeitig befriedigt, sodass Hans sich vorkommt, »als schreite er schon eine eigene Bahn, der Höhe des Wissens und Könnens entgegen« (47). Im Griechisch des Neuen Testaments sieht er einen »stillen, heiteren Garten« (51). Dieses visionäre Bild ist aus vielen mystischen Schulen bekannt.

Visionäre Bilder

Auch im Internat hat Hans manchmal literarisch-mystische Visionen: Die Figuren aus Homers Heldenwelt hören auf, »Namen und Zahlen zu sein, und blickten aus nahezu glühenden Augen und hatten lebendige rote Lippen und jeder sein Gesicht und seine Hände« (96). So deutlich sieht er auch Jesus selbst, der ihn zu sich zu winken scheint. Hans wird durch seine Visionen in andere Sphären entrückt, aber er erlebt sie nicht als stille Betrachtung. Es wird ausdrücklich gesagt, dass Hans »überrascht, ja überwältigt« (96) wird, dass er seine Visionen als »körperhafte Anschauung« (104) erlebt. Er fühlt sich »von anderen Menschen umgeben, andere Hände berührten ihn, und andere Stimmen redeten zu ihm, nahe, leise, tiefe Stimmen, welche keine Worte sprachen, sondern nur tief und mild wie Brunnentöne rauschten« (101).

Körperhafte Anschauung

Auch in der Natur erlebt er Visionen, die er nicht deuten kann: »Es waren helle, zarte, ungewöhnliche Träume« oder reine Bilder und ein Gefühl, »als glitte ihm eine leichte Hand mit weicher Berührung über den Körper« (104). Manchmal ist es »wie ein Wandeln auf fremder Erde« oder wie »ältere Erinnerungen mit einer unheimlichen Deutlichkeit, die ihm wunderlich oder beängstigend erschien« (104). Hans selbst sieht diese Erlebnisse als christliche Mystik, in dem er sich »tief und seltsam verwandelt« fühlt, »als habe er die schwarze Erde wie ein Glas durchblickt oder als habe Gott ihn angeschaut« (97).

Natur

Die Lehrer stehen diesen Zuständen fremd und machtlos gegenüber. Sie können nur das Pathologische sehen und holen den Nervenarzt, der Hans frische Luft verordnet. Ein Mann wie Schuster Flaig war nicht da, der durch seine eigenen, frommen Erlebnisse etwas anderes gewusst und ihm vielleicht hätte helfen können.

Spätere Werke Hermann Hesses lassen sich auf diese Aspekte des Lebens deutlicher ein, in *Siddhartha*, *Das Glasperlenspiel*, aber auch in *Demian* und *Der Steppenwolf*

Mystik

werden mystische Erlebnisse beschrieben, in manchen wird von mystischen Schulen und Schulungswegen erzählt. Hier in *Unterm Rad* ist Mystik noch ein wie von außen kommendes Erlebnis, das in die normale Welt einbricht, gegen das man sich kaum wehren kann und das ein wenig fremd bleibt.

Sexualität

Auch die für ihn völlig fremde Sexualität und die damit verbundenen Körpererfahrungen bedrängen den hilflosen Hans. Er ist noch ein Junge, von der Sexualität weiß er nichts, von einer Aufklärung kann in diesem engen, religiös geprägten kleinen Städtchen im Nordschwarzwald natürlich keine Rede sein. Und so stürmen die sexuellen Eindrücke von außen und aus seinem Körper auf den Jungen ein.
Zum ersten Mal kommt Hans bei seinem Freund Hermann Heilner in Berührung mit einem fremden Körper.

Homosexualität

So wie in Internaten Homosexualität häufig vorkommt, widerfährt es Hans plötzlich und unvorbereitet, dass Hermann ihn küsst: »Langsam streckte Hermann Heilner seinen Arm aus, faßte Hans an der Schulter und zog ihn zu sich her, bis ihre Gesichter einander ganz nah waren. Dann fühlte Hans plötzlich mit wunderlichem Schreck des anderen Lippen seinen Mund berühren« (73). Während Hans Angst bekommt, meint der Erzähler, dass ein Erwachsener »seine stille Freude« an dieser »unbeholfenen scheuen Zärtlichkeit« hätte (74), die er als normalen Freundschaftsbeweis bezeichnet.

Ein unvoreingenommener Leser aber muss sich fragen, ob nicht doch mehr hinter diesem innigen Kuss steckt.

In vielen Werken Hesses gibt es diese homoerotische Komponente, die in Freundschaften eine Rolle spielt, in vielen wird einer der Freunde als sehr weiblich oder androgyn geschildert, im *Steppenwolf* tritt sogar eine weibliche Form Hermanns auf, Hermine. Enge, jahrelange Freundschaften sind bei Hesse nur zwischen Männern möglich, zwischen Männern und Frauen kommen sie nicht vor. An keiner Stelle allerdings gibt es eine wirkliche homosexuelle Handlung, so wie auch in *Unterm Rad* eine homosexuelle Beziehung nur angedeutet ist.

Später fragt Hermann seinen Freund, ob er schon einmal »einem Mädchen nachgelaufen« (105) sei, für Hans ist die Frage mit Angst und gleichzeitiger Anziehung verbunden. Er gesteht, dass er es schon einmal getan habe, aber als er zurückfragt, weicht Hermann aus, ehe er von einem Kuss erzählt. Hans liegt noch lange wach und denkt an diesen Kuss.

Erfahrungen mit Emma

Erfahrungen mit einer Frau macht Hans zum ersten Mal mit Emma, der Nichte des Schusters Flaig, einem lebenslustigen Mädchen aus Heilbronn, die für zwei Wochen zu Besuch ist. Schon bei ihrem ersten Auftreten wird vom Erzähler der »hübsche, küssige Mund« (133) betont. Hans ist von ihr eingeschüchtert, später überkommt ihn »eine süße Angst« (134), sein Herz schlägt kräftig, das Atmen wird ihm schwer, er nähert sich dem Mädchen und lässt sich von ihm berühren. Auch hier wird sein Gefühlszustand als zwiespältig bezeichnet, er ist »in angstvoller Wonne« (135), »Bangnis und süße Qual« kommt über ihn, er sieht Emma »mit einer Mischung von ungekannter Lust und bösem Ge-

Gefühlsansturm

wissen« an (136), weiß nicht mehr, was er redet, und erinnert sich an manche Beobachtungen von Dienstmädchen mit Männern und an den Kuss von Hermann. Abends schleicht er sich zu Flaigs Haus und berührt Emma, »das Herz schlug ihm bis in den Hals« (140), und wieder erlebt er hilflos einen Gefühlsansturm. Als sie ihn küsst, kommt eine tiefe Schwäche über ihn und verwandelt sich in »Todesmüdigkeit und Pein« (140).

Wie eine Krankheit

Am nächsten Abend kann er vor Vorfreude nichts essen und ist naturgemäß sehr schüchtern. Von Emma wird gesagt, dass sie »in Liebessachen Bescheid« (146) weiß und ihr seine Schüchternheit sehr gelegen kommt. Seine Gefühle, als sie ihn streichelt, werden wieder ambivalent und heftig mit einem »süßen Grauen und einer tiefen, glücklichen Bangigkeit« (147) und mehr wie eine Krankheit mit Fieber und Schwäche beschrieben, sogar in Todesnähe gerückt. Tatsächlich flüchtet er von ihr, spürt seine Müdigkeit und hat eine gesteigerte Aufmerksamkeit für seine Umwelt, Berge, Nacht, Wind und vor allem das Wasser unter der Brücke. Im Schlaf wird er als »durch ungeheure Räume« Stürzender beschrieben, er wacht »gepeinigt und erschöpft« auf (148), ist unbekannten Kräften ausgeliefert und bricht in Weinen aus. Als er erfährt, dass Emma abgereist ist, verwandelt sich sein Verlustschock in Zorn und dann in eine Qual, die tagelang anhält.

Bitterkeit und Verlust

Hans hat eine bittere Erfahrung gemacht, die er nicht versteht, die er mit niemandem teilt und mit der er nicht umgehen kann. Die Liebe zwischen Mann und Frau ist für ihn mit Angst und Albträumen, Bitterkeit und Verlust besetzt, auch aus seiner Kindheit kennt er sie nicht, da seine Mutter früh gestorben ist. Von früheren Erfahrungen wird nur gesagt, dass er schon einmal einer anderen Emma nachgelaufen ist, passiert ist aber nichts (27 und 119). Die Liebe zu Emma wirkt besonders belastend und destabilisierend auf Hans, der zu dieser Zeit auch eine andere Krise durchstehen muss, die Neuorientierung seines Lebens in einem Beruf.

Die verloren gegangene Kindheit

An zwei Stellen erzählt Hesse von Hans Giebenraths Kindheit. Das erste Mal, als Hans nach dem Stuttgarter Examen am späten Nachmittag durch den Ort geht. Er kommt am Garten des Händlers Sackmann vorbei und erinnert sich, dass er als kleiner Junge dort Pflaumen gestohlen hat, beim Haus des Inspektor Geßler erinnert er sich an Emma, der er den Hof gemacht hat. Hans denkt sehnsuchtsvoll an diese Zeiten, »wie aus weitester Ferne« (27) fallen ihm die Geschichten wieder ein. Deutlich wird gesagt, dass »diese obskure, kleine Gassenwelt ihm verlorengegangen war, ohne daß etwas Lebendiges und Erlebenswertes statt dessen gekommen wäre« (28).

Sehnsucht nach der Kindheit

Auch nachdem er ein Jahr später vom Seminar entlassen wird und hilflos durch den sommerlichen Ort irrt, erinnert er sich. Jetzt werden die Situationen und Personen ausführlicher beschrieben, mit der deutlichen Wertung: »Überhaupt – damals war doch alles anders gewesen, so viel schöner, so viel heiterer, soviel lebendiger!« (119). Auch Emma Geßler wird wieder erwähnt, aus dem Mädchen, das das »zierlichste und eleganteste« (27) Mädchen der Stadt war, ist jetzt eine halb erwachsene Person geworden, die Hans ziemlich lächerlich findet.

Märchen und Räubergeschichten

Statt der Latein- und Griechischlektionen hat es damals Märchen und Räubergeschichten gegeben, und immer hat sich Hans auf etwas Neues gefreut, auf unschuldige kindliche Vergnügungen, aus denen er allmählich, aber unwiederbringlich herausgewachsen ist.

Jetzt erlebt Hans diese Kinderzeit noch einmal, auf eine etwas unwirkliche Art, denn tatsächlich Kind werden kann er eben doch nicht. Der Erzähler charakterisiert die Stärke und Deutlichkeit, mit der Hans in die Kindheit zurückkehrt, als krankhaft, aber verständlich, »die betrogene und vergewaltigte Kindheit brach wie eine lang gehemmte Quelle in ihm auf« (121). Ausführlich be-

Buntes Treiben in der Gasse »Zum Falken«

schreibt Hesse das bunte Treiben in der Gasse »Zum Falken«, die er mit der anständigen und feinen Gerbergasse, in der Giebenraths Elternhaus steht, kontrastiert. Die Gasse »Zum Falken« ist schmal und dunkel, übervölkert und ärmlich, voller Hausierer, Diebe und lasterhafter Menschen. Als Knabe hat Hans dort den Geschichten einer ehemaligen Zuchthäuslerin zugehört, »mit Entzücken und Grausen« (123). Dort war er befreundet mit Dolf und Emil Finkenbein, berüchtigten Gassenbuben, und mit Hermann Rechtenheil, dessen eines Bein zu kurz war. Hermann brachte ihm das Fischen bei, heimlich, denn es war verboten. Hermann starb irgendwann. In der Gasse trifft Hans auch den wegen Trunkenheit entlassenen Briefträger Rötteler, den uralten Mechaniker Porsch, der Bibel- und Gespenstergeschichten erzählte, und den Schlosser Brendle.

Hans versucht, in seinen Erinnerungen und bei Besuchen in dieser Gasse und in der nahe gelegenen, ebenso geheimnisvollen Gerberei diese Zeit zurückzuholen, ohne dass ihm der Zugang gelingt. Der Zauber ist verflogen: »Alles machte einen kläglichen und kümmerlichen Eindruck« (127). Eine tatsächliche Rückkehr in die Kindheit ist für Hans nicht mehr möglich, dafür ist er nicht mehr kindlich genug und hat zu viel Leid erlebt.

Der Zauber ist verflogen

Zwischen zwei Welten

Die Welt der Gerbergasse steht für die gutbürgerliche, wohlgeordnete Welt des Vaters und der Lehrer, für die Karriere und die Unterordnung unter die Gesellschaft und ihre Zwänge, im psychoanalytischen Sinn für das **Über-Ich** der Gebote und Verbote; die Welt der Gerberei für die aus der Gesellschaft herausgefallenen Typen einer Kleinstadt, für interessante, halb verbotene und oft anstößige Andeutungen und Geheimnisse, psychoanalytisch gesehen für das **Es** der Triebe: dazwischen Hans mit seinem unentwickelten Ich, das Über-Ich und Es noch nicht integriert hat, eine Leistung, die zum Erwachsenwerden notwendig gewesen wäre. Das Internat hat dabei nicht geholfen, da es das Über-Ich überbetont hat, und die Liebe zu Emma war ein reines Es-Erlebnis für Hans.

Über-Ich und Es

Interessanterweise führt Hesse in der Beschreibung noch auf eine andere interpretatorische Fährte. In der pietistischen Erziehung gibt es ein berühmtes Bild, das damals in fast jedem frommen Haushalt hing und das den Weg zur

Hölle als breiten, angenehmen Weg darstellt, den zum Himmel als schmale Gasse.[3] Da Hesse nun die Gerbergasse als »längste, breiteste und vornehmste der Stadt« beschreibt, den »Zum Falken« aber als »kurz, schmal und elend« (121), deutet er letzeren als den wahren Weg zum Himmel an, einem Himmel allerdings, vom dem er sagt, dass er für Hans aufgrund seines Sündenfalls in die Erwachsenenwelt versperrt bleibt, ebenso wie der Weg in die Welt des Vaters, weil er auf ihm schon bei seinen ersten Schritten versagt hat. Hans steht unrettbar zwischen diesen Welten.

Flucht in die Natur

Auch die Natur ist ein Fluchtbereich für Hans. Hier erlebt er, wie in der Kindheit, in die er aber nicht mehr gelangen kann, einen zweck- und herrschaftsfreien Bereich, in dem keine Anforderungen an ihn gestellt werden, der ihn so sein lässt, wie er ist. Besonders betont wird der Wechsel der Jahreszeiten. Im heißen Sommer findet das Examen statt, es gibt danach eine kleine Atempause für Hans, er schwimmt im Fluss und geht angeln, bevor er wieder lernen muss. Im Herbst beginnt das Seminar in Maulbronn, es herrscht eine eher düstere, melancholische Stimmung in der Natur vor, im Winter stirbt ein Mitschüler von ihm, im nächsten Herbst, der in Hesses Schilderung zwischen prallem Leben und Todessehnsucht schwankt, lernt Hans Emma und die Liebe kennen, eine Woche später stirbt er.

Jahreszeiten

Eine vollständige Flucht in die Natur gelingt Hans allerdings erst am Schluss, als er sich dem Fluss überlässt. Bis dahin gewährt ihm die Natur eine gewisse Zuflucht, er kann sich in ihr ausruhen und austoben, sich vom kalten Wasser umspülen lassen, aber weiter geht die ›Fürsorge‹ der Natur nicht.

Fremde Natur

Letztlich ist die Natur ein Bereich für sich, der dem Menschen fremd gegenübersteht. Und so endet auch der Roman. Nach dem Begräbnis und dem abschließenden kritischen Kommentar des Schusters Flaig wird noch einmal »ein fröhlich blauer Himmel« (169) erwähnt, der glitzernde Fluss, die Berge, die »weich und sehnlich in die Weite« (169) weisen. Die Natur ist und bleibt unberührt vom Kampf und Sterben der Menschen.

Berufsleben

Auch beruflich hat Hans keinen Erfolg. Nachdem die Karriere als Theologe beendet ist und er orientierungslos durch den Ort irrt, wird er von seinem Vater eines Abends damit überrascht, dass es zwei Lehrstellen gibt, die er antreten könne, eine als Schreiber im Rathaus, die andere als Mechaniker. Hans ist verwirrt und gleichzeitig von der Aussicht auf Arbeit angezogen, »das tägliche, tätige, frische Leben […] hatte ein lockendes Gesicht und ein drohendes Gesicht« (139), Lust hat er zu beiden Berufen nicht, die körperliche Arbeit schreckt ihn sogar. Ihm fällt sein alter Schulfreund August ein, den er fragt, wie die Arbeit ist. August ist »auseinandergegangen und gewachsen« (145) und tut sehr erfahren. Er warnt Hans vor der Anstrengung, die Arbeit sei schwer und sehr kraftraubend. Andererseits sei ein Mechaniker »was Feines […] und 'n guten Kopf muß einer auch haben, sonst kann er Grobschmied werden« (145). Er zeigt Hans Maschinenteile, die er bearbeitet hat, demonstriert ihm auch die Feinheiten und verspricht, ihm beizustehen, wenn er geärgert wird. Außerdem bekommt August demnächst seinen ersten Wochenlohn (vorher musste das Lehrgeld vom Vater an den Ausbilder gezahlt werden) und lädt Hans ein, mit ihm auszugehen und dieses Ereignis zu feiern.

Hans entscheidet sich, ohne Begründung, Rücksprache und Diskussion mit dem Vater, Mechaniker werden zu wollen.

Hans' erster Tag in der Werkstatt

Sein erster Tag wird sehr ausführlich beschrieben, der Meister spricht sachlich und nicht ohne Sympathie mit ihm, beruhigt ihn auch wegen seiner körperlichen Schwäche und zeigt ihm die erste Arbeit: Hans muss ein Rad glatt feilen. Der Meister begründet sogar seinen ersten Auftrag, sieht ihm zu und korrigiert ihn. Zunächst ist Hans angetan von der handwerklichen Tätigkeit, lange hat er nicht gesehen, wie »unter seinen Händen etwas Sichtbares und Brauchbares« (153) entsteht. Er fühlt sich als Teil einer Gemeinschaft und, etwas pathetisch gesagt, »den Hymnus der Arbeit […], etwas Ergreifendes und angenehm Berauschendes« (154).

Auch als er von der ungewohnten Arbeit müde wird, ermutigt ihn sein Meister und weist ihm eine andere zu. Am Nachmittag muss er wieder ein Rad glatt feilen, am nächsten Tag, dem Samstag, ist der Meister schlecht gelaunt, und Hans ist müde und unglücklich.

Er ist überfordert

Überdeutlich zeigt sich, dass Hans überfordert ist. Schon August hatte ihn gewarnt, auch sein Vater hatte dem Meister das Offensichtliche erzählt, dass Hans kein kräftiger Junge und nicht an körperliche Arbeit gewöhnt ist. Zwar fühlt sich

Hans von der Arbeit auch angezogen, aber noch ist sie für ihn neu und fremd. Deswegen ärgert er sich über den Spott von zwei früheren Schulkameraden, die ihn mit dem Zuruf »Landexamensschlosser« (155) kränken. Andererseits ist er stolz, Angehöriger einer geachteten Gemeinschaft zu sein, auf die er früher etwas arrogant herabgeschaut hat. Auch jetzt sieht er die Schlosser und vor allem Mechaniker als etwas Besonderes innerhalb der Handwerker, und auch sich sieht er so, weil er zu ihnen gehört. Man merkt nicht nur im Schulischen, sondern auch im Beruflichen bei Hans den Willen, sich von anderen abzugrenzen, etwas Besseres sein zu wollen, und sich, wenn er sich einordnen muss, eine möglichst herausgehobene Gruppe zu suchen.

Wie sich Hans in diesem Bereich entwickelt hätte, wird allerdings nicht klar, denn schon nach zwei Tagen Berufsleben stirbt er. Von Hesse ist bekannt, dass er die Zeit in der Turmuhrenfabrik von Heinrich Perrot in Calw bei aller Härte sehr genossen hat. Er arbeitete dort von Juni 1894 bis Mitte September 1895 und war vor allem darüber erleichtert, dass ihn niemand mehr moralisch bessern wollte, sondern nur noch seine Arbeitskraft gefragt und akzeptiert war.

Ich-Schwäche

Hans übernimmt Werte

Man kann Hans' Zustand als ausgeprägte Ich-Schwäche zusammenfassen. Stets lässt er sich von seiner Umwelt zu etwas bringen und übernimmt ihre Werte als seine eigenen. Vom Vater und den Lehrern wird er zu einer Schulkarriere und einem übertriebenen Ehrgeiz getrieben, der ihm keine Ruhepausen gönnt und ihn nicht mit dem zweiten Platz zufrieden sein lässt. Von Hermann wird er dazu gebracht, die Freundschaft zu ihm über alles zu stellen, auch wenn die Schule und sein bisheriges Leben darunter leiden müssen. Aber Hermann fordert viel von Hans und gibt nur wenig, und Hans ist nicht fähig, sich von ihm abzugrenzen. Von Emma wird seine Körperlichkeit angereizt, aber er kann sie nicht weiter ausleben. Hans hat Angst vor seiner eigenen Natur, die er bei Emma zum ersten Mal erlebt und die ihm fremd ist, zudem hat er auch ein schlechtes Gewissen deswegen, und er hat niemanden, der ihm helfen kann.

Kann Erfahrungen nicht verarbeiten

All diese Erfahrungen, die in der Pubertät durchaus normal sein können, kann Hans nicht verarbeiten, es gelingt ihm nicht, den Schritt aus der Kindheit in das Erwachsenendasein zu machen, ein normales, ausgewogenes Leben zu leben oder wie Hermann ein Extrem zu wählen. Im Internat stößt er an Grenzen, gegen die er sich nur durch eine totale Verweigerung, durch körperliche Schwäche und mystische Erlebnisse wehren kann. Auch in der Liebe stößt er an Grenzen, Emma spielt mit ihm und lässt ihn sehnsüchtig und vereinsamt zurück. Sein Versuch, in Kindheitserinnerungen zu fliehen, ist kein Ausweg, das merkt er schnell selbst. Aber noch ist er nicht fähig, seinen eigenen Weg zu finden, seine Stellung in der Gesellschaft und gleichberechtigt zu Menschen seiner Umgebung. Letztlich ist auch sein Tod eine übersteigerte Verweigerung gegenüber gesellschaftlichen Zwängen.

Hermann als Vorbild

Es gibt nur zwei Figuren im Roman, die Hans ein Vorbild für einen Widerstand gegen gesellschaftliche Forderungen hätten sein können: Hermann und der Schuster Flaig. Hermann reizt ihn ja tatsächlich schon zur Verweigerung. Es ist ihm gleich, wo er in der Rangliste der Schüler steht (77), er bringt trotzdem seine Leistungen, er hat zudem künstlerische Ausdrucksmöglichkeiten, die eine andere Welt aufzuschließen scheinen, und er verlässt die Schule, nachdem ihm klar wird, dass er für sie nicht geschaffen ist. Er geht selbstbewusst und trotzig, ohne Reue zu zeigen. Damit zeigt Hesse einen Ausweg aus dem Elend, den Hans nicht gehen kann, den aber Hesse selbst vorgelebt hat. Auch er flüchtete aus dem Kloster und wurde später erfolgreicher Künstler. Aber Hermann ist zu rücksichtslos und kümmert sich nicht um Hans' Bedürfnisse. Nach dem Verlassen der Schule meldet er sich nie wieder bei ihm, für Hermann zählt nur er selbst.

Schuster Flaig als väterlicher Freund

Das andere Vorbild wäre der Schuster Flaig gewesen. Bei ihm fand Hans immer Zuspruch und Anerkennung, auch ohne etwas leisten zu müssen. Bei ihm trifft er auch seine erste und einzige Liebe Emma. Aber da Hans nichts mit der volkstümlichen Frömmigkeit Flaigs zu tun haben will, kann er sich ihm nicht näher anschließen. Zudem hat Flaig sich durch manche kritische Nachfrage schon zu sehr von Hans entfernt, um ihm wirklich eine Stütze sein zu können, Hans fühlte sich dadurch in seinem Selbstverständnis angegriffen. Und es wäre wahrscheinlich auch nur ein weiteres Unterordnen unter eine Autorität gewesen, statt den eigenen Weg zu finden. Aber als väterlichen Freund hätte Hans ihn gut brauchen können.

Tod, Selbstmord

Der Selbstmord wird in vielen Werken Hesses immer wieder als Ausweg aus einer nicht auflösbaren Lebenssituation geschildert. Im *Steppenwolf* ist er sogar für den Helden, da für seinen 50. Geburtstag beschlossen, ein Anreiz, das öde und schmerzhafte Leben weiter auszuhalten, weil ihm der Freitod immer als Möglichkeit offen bleibt.

Faszination des Wassers

Für Hans Giebenrath ist der Tod schon früh im Buch als Möglichkeit angedeutet. Schon früh besitzt das Wasser eine starke Faszination für ihn (wie das Wasser überhaupt eine der häufigsten Metaphern in Hesses Werk ist und oft mit dem Tod verbunden). Während er noch vor dem Examen träumerisch ins Wasser geblickt und es vor allem als Angelrevier betrachtet hat, wirft er sich nach den überstandenen Anstrengungen »mit schnellem Sturz« (27) ins Wasser, der Fluss umarmt seinen schmächtigen Leib, und er fühlt sich umfangen. Auch später gibt es immer wieder sprachliche Signale, dass das Wasser eher ein Symbol ist als reine Natur: Der Waldsee, bei dem Hermann sich oft herumtreibt, ist ein melancholischer Weiher (68), sein Mitschüler Hindinger ertrinkt in einem See.

Offenes Ende

Während der Tod Hindingers ein Unfall ist, ist bei Hans nicht klar, wie er gestorben ist. Der Erzähler lässt das Ende ganz bewusst offen, es kann genauso gut Selbstmord gewesen sein. Auch hier zeigt sich Hans' grundsätzliche Ich-Schwäche, auch hier zeigt er keinen festen Entschluss gegen die fordernde Umwelt. Er stirbt einfach.

7. Autor und Zeit

Einführung

Hermann Hesse ist nicht nur durch sein literarisches Werk berühmt geworden, sondern ebenso durch seine moralische Haltung, die durch große Ernsthaftigkeit und Mut, auch sich selbst gegenüber, gekennzeichnet ist. Sich selbst zu suchen, den eigenen Weg zu gehen, auch gegen alle Widerstände, blieb sein innerer Auftrag. Auch dafür wurde ihm 1946 der Nobelpreis für Literatur zugesprochen, als einer moralisch integer gebliebenen deutschen Persönlichkeit (auch wenn er gar kein Deutscher war, sondern von Geburt russischer Staatsangehöriger, von 1912 an ständig in der Schweiz lebte und seit 1923 die Schweizer Staatsangehörigkeit besaß).

Moralischer Autor

Beeinflusst wurde Hesse sowohl durch die Psychoanalyse als auch durch die indischen Religionen, die er schon in seinem Vaterhaus kennen lernte. Sowohl sein Großvater als auch sein Vater waren als Missionare in Indien, beide gebildete Männer, die mehrere, auch indische, Sprachen beherrschten und die Kultur Indiens kannten. Die Psychoanalyse lernte Hesse durch Bücher und nicht zuletzt aus eigener Erfahrung kennen, als er sich 1916 einer Behandlung bei Josef Lang unterzog, einem Schüler des berühmten Freud-Schülers C. G. Jung.

Psychoanalyse und indische Religionen

In Hesses Werk verschmelzen diese Einflüsse mit neuromantischer Dichtung, manche Bücher wie *Siddhartha* und *Das Glasperlenspiel* zeigen den religiösen Einfluss sehr deutlich, in anderen wie *Demian* werden psychoanalytische Sitzungen in dichterischer Sprache beschrieben. Es war wohl gerade diese Mischung, die amerikanische und europäische »Hippies« in den sechziger Jahren stark anzog und eine Hesse-Renaissance auslöste, die bis heute anhält.

Herkunft und Kindheit

Pietismus und Indien

Hermann Hesse wurde am 2. Juli 1877 in Calw, im nördlichen Schwarzwald in Württemberg, geboren. Seine Vorfahren waren stark durch den schwäbischen Pietismus geprägt. Sein Großvater mütterlicherseits, Hermann Gundert, war mit 21 Jahren als Missionar nach Indien gegangen und hatte ein Standardwerk über eine indische Sprache verfasst, sein Cousin Wilhelm Gundert wurde ein berühmter Sinologe und Übersetzer. Auch Hesses Vater Johannes ging mit 21 Jahren als Missionar nach Indien, musste aber aus gesundheitlichen Gründen bald wieder nach Deutschland zurückkehren. Er stammte aus dem russisch-baltischen Weißenstein, seine Frau war die Tochter eines Schwaben und einer französischen Schweizerin. In seinem Elternhaus kam Hesse in Kontakt mit vielen Nationalitäten und Religionen, ein multikulturelles Element, das ihn zeitlebens begleiten sollte. Als Hermann vier Jahre alt war, zog die Familie nach Basel, 1886 kam sie nach Calw zurück, wo Hermanns Vater einen Verlag leitete, der religiöse Schriften verlegte.

Hesse ging auf die Calwer Lateinschule, wurde nach Göppingen auf die Lateinschule des Rektor Bauer geschickt und bestand 1891 als 28. von 36 Kandidaten das Landexamen in Stuttgart. Das berechtigte ihn, im Internat

Hermann Hesse, 1903
Foto: Deutsches Literaturarchiv, Marbach am Neckar

Internat, Nervenheilanstalt, Lehre

Kloster Maulbronn zu studieren, wie es zuvor schon Hölderlin und Mörike getan hatten, als Vorbereitung auf das Theologiestudium in Tübingen, das auch für Hesse vorgesehen war. Er litt sehr unter der beginnenden Pubertät und Existenzängsten; am 7. März 1892 lief er ohne ersichtlichen Grund weg. Hesse wurde zum berühmten Pfarrer Christoph Blumhardt gebracht, der mit ihm betete, und kam für kurze Zeit in eine Nervenheilanstalt. Danach ging er auf das Gymnasium in Cannstatt, versagte auch dort, hielt es drei Tage in einer Buchhändlerlehre in Esslingen aus und arbeitete von 1894 bis Mitte September 1895 in der Uhrmacherwerkstatt Perrot in Calw. Auf diese selbst erlittene Zeit der Wirren greift Hesse in seinem Roman *Unterm Rad* zurück. Im Oktober 1895 begann er in Tübingen eine Lehre in der Buchhandlung Heckenhauer, las und bildete sich privat weiter. Und er begann zu schreiben.

Frühwerk

Sein erstes Buch musste Hesse noch selbst bezahlen, bei Pierson in Leipzig erschien 1899 die Gedichtsammlung *Romantische Lieder* in einer Auflage von 600 Stück. Noch im selben Jahr konnte er im renommierten, wenn auch jungen Diederichs-Verlag seinen Gedichtband *Eine Stunde hinter Mitternacht* veröffentlichen, das vom berühmten Rainer Maria Rilke sehr positiv besprochen wurde, und schon sein

Peter Camenzind

drittes Buch, *Hinterlassene Schriften und Gedichte von Hermann Lauscher*, verkaufte sich sehr gut. Sein erster Roman, *Peter Ca-*

menzind, erschien im angesehenen S. Fischer-Verlag, es wurde Hesses erster großer Erfolg. Hesse beschreibt darin einen Bauernsohn, der Schriftsteller werden will, aber scheitert und zivilisationsmüde in die Idylle seines Heimatorts zurückkehrt. Es ist ein kulturkritisches Buch und passte gut in die Zeit der Wandervogelbewegung und anderer Tendenzen gegen die Industrialisierung und Entfremdung in der Berufswelt.

Unterm Rad

Hesse konnte nach diesem Erfolg als freier Schriftsteller leben, er heiratete und kaufte sich ein Haus in Gaienhofen am Bodensee. Wenig später erschien der Roman *Unterm Rad*, in dem die Zivilisationskritik sehr viel schärfer war, auch dieses Buch ein großer Erfolg. Hesse wurde gesuchter Herausgeber und Rezensent, publizierte Erzählungen und weitere Romane, fühlte sich auch angezogen von den Alternativbewegungen der Zeit, vegetarischem Leben und Freiluft- und Körperkultur. In seinem Roman *Gertrud* beschreibt Hesse eine Künstlergeschichte um den Komponisten Kuhn und den Sänger Muoth, die beide die Gertrud des Titels lieben, literarisch war das Buch aber eine Wiederholung von alten Themen und Formen.

Hesse, erst knapp 30 Jahre alt, erfolgreich und unzufrieden, reiste 1911 nach Indien, seine Ehe zerbrach, seine Frau wurde depressiv, später psychotisch. Noch zwei Mal heiratete Hesse. In *Roßhalde* fand er einen Ausdruck für die Brüchigkeit der Beziehungen: Die Ehe des Malers Johann Veraguth ist schon in der Auflösung begriffen. Als dann das gemeinsame Kind Pierre stirbt, zerbricht die Ehe endgültig. *Knulp* erzählt Stationen aus dem Leben des gleichnamigen Landstreichers, einem an der Umwelt zerbrochenen Mann, der im Grunde vornehm, gebildet und empfindsam ist, aber die Enge der Welt und die Verletzungen durch eine Geliebte und Freunde nicht ausgehalten hat.

Neuanfang und zweiter Ruhm

Erster Weltkrieg

Die große Veränderung für Hesse kam mit dem Ersten Weltkrieg. Die meisten Deutschen waren sofort kriegsbegeistert und patriotisch, auch Hesse, der damals in Bern lebte, meldete sich freiwillig, wurde aber wegen seiner Kurzsichtigkeit nicht genommen. Er begriff schnell, wie grausam der Krieg ist, auch wenn er ihn zunächst als Erlösung aus dem »blöden Kapitalistenfrieden«[4] begrüßte. Am 3. November 1914 veröffentlichte die Neue Zürcher Zeitung seinen Aufsatz *Freunde, nicht diese Töne*, in dem er den Verfall der humanistischen Werte beklagte, wenn er auch sein Verständnis dafür ausdrückte, dass die langweilige Zeit gewaltsam zerstört werden müsse und man sich nach Heldentum und Reinigung sehnte.

Demian

Von dieser zwiespältigen Haltung ist auch Hesses Roman *Demian* geprägt, den er während der Kriegsjahre schrieb, als er in der Kriegsgefangenenfürsorge arbeitete. Der junge Emil Sinclair trifft erst in der Schule, dann später noch einmal den geheimnisvollen Max Demian, der einem religiös-geistigen Kreis angehört, in dem die geistige Wiedergeburt des Einzelnen und damit die Erneuerung der Gesellschaft angestrebt wird. In mystischen und psychoanalytischen Gesprächen und Erlebnissen, durch antibürgerliche Aktionen sollen Eigenständigkeit und Unabhängigkeit des Denkens erreicht werden, gegen alle Widerstände einer Gesellschaft, die erst zerbrechen muss, ehe sie eine neue Welt freigibt. Als sein Vater starb, hatte Hesse im Mai 1916 eine Psychoanalyse bei dem Jung-Schüler Josef Lang in Luzern begonnen, auch diese Analyse ist ein wichtiges Motiv im Roman. *Demian* wurde von Hesse zunächst unter dem Pseudonym Emil Sinclair veröffentlicht, er bekam dafür einen literarischen Preis als gelungenes Erstlingswerk, den er zurückgab, als seine Autorenschaft bekannt wurde.

Auch in den nächsten Werken ist Hesse den Suchenden auf der Spur, den Versuchen, ein eigenständiges, innerlich erfülltes Leben zu finden. In *Klingsors letzter Sommer* beschreibt er einen expressionistischen Maler, der in ekstatischen Augenblicken seine Erfüllung findet, in *Siddhartha* ist sein Held ein indischer Jüngling, der nach Übungen in Askese und Yoga und nach einem Treffen mit dem Buddha seinen eigenen Weg geht, bei einer Kurtisane die Liebeskunst lernt und am Schluss als Fährmann die mystische Einheit gefunden hat.

Der Steppenwolf

In seinem bekanntesten Roman *Der Steppenwolf* erzählt Hesse von einem vereinsamten Mann namens Harry Haller, der in einer Schweizer Großstadt zwei Zimmer als Untermieter bewohnt, sich nach einer Weile, die er allein mit Büchern und in einer Kneipe verlebt, beim Tanzen und mit Frauen, vor allem mit Hermine und Maria, vergnügt, der klassische und Jazzmusik hört, sich über die Kleinbürger und seine eigene Kleinbürgerlichkeit amüsiert und mit Drogen und psychoanalytischen Phantasiereisen experimentiert. Er gerät in eine Art Traumwelt, das »magische Theater«, in das ihn der Jazzmusiker Pablo führt, schießt dort auf Autos und trifft Mozart. Harry Haller verschwindet eines Tages aus der Stadt und hinterlässt dem Neffen seiner Vermieterin ein Manuskript, in das das »Traktat vom Steppenwolf« eingebunden ist, in dem von der doppelten Natur des Menschen erzählt wird, der menschlichen und der wölfischen. Für viele treue Hesse-Leser war dieses Buch ein Schock, hier war nicht mehr der zwar suchende, aber doch im Grunde romantische Schriftsteller zu finden, den sie seit *Peter Camenzind* kannten, sondern ein harter Großstadtautor, der mit dem Selbstmord kokettierte und sich an so niederen Vergnügungen wie Jazz, Sex und Drogen freute.

Narziß und Goldmund

In *Narziß und Goldmund* erzählt Hesse von zwei Freunden im Mittelalter, die sich in einem Kloster treffen und wieder trennen. Narziß wird Mönch, später Abt, Goldmund Künstler und Liebhaber vieler Frauen, die er auf seinen Wanderungen trifft. Auch hier schildert Hesse zwei unterschiedliche Lebenswege, auch hier ist der Außenseiter, der keine Erfolge vorzuweisen hat, ehrlicher zu sich als der Angepasste, der Karriere macht, aber innerlich unerfüllt bleibt.

Spätwerk

Die Morgenlandfahrt

Ein kleineres Werk, *Die Morgenlandfahrt*, ist die Vorstufe zu Hesses letztem großen Roman. In *Die Morgenlandfahrt* schildert Hesse eine spirituelle Reise in die Bezirke des Unbewussten. Neben Freunden und Bekannten des Erzählers H. H. sind auch Personen wie die Dichter Brentano und Novalis und religiöse Führer wie Lao Tse Teilnehmer der Reise. Den Höhepunkt bildet die »Bundesfeier« im schweizerischen Schloss Bremgarten, danach verschwindet der Diener und Bundesbruder Leo mit den »Bundespapieren«. H. H. macht sich auf die Suche. Nach einer langen Reise und einer Art Gerichtsverhandlung wegen seiner Verfehlungen wird H. H. gewahr, dass er und Leo dieselbe Person sind und er, als er dies einsieht, vom »Bundesgericht« nicht verurteilt, sondern sein Suchen als richtig anerkannt wird.

Das Glasperlenspiel

Von 1930 bis 1942 schrieb Hesse an seinem letzten Roman. *Das Glasperlenspiel* kam in zwei Bänden 1943 in der Schweiz heraus, in Deutschland waren die meisten Werke des Pazifisten Hesse, der schon früh vor der Diktatur der Nazis gewarnt hatte, seit 1938 als unerwünschte Literatur verboten. Hermann Hesse galt den Nationalsozialisten als Vaterlandsverräter.

Als Gegenentwurf zum Faschismus erfand Hesse die pädagogische Provinz Kastalien, wo hochbegabte Knaben in den Künsten, der Musik und der Mystik ausgebildet werden. Hesse erzählt von Josef Knecht und von diesem Internat, das von der Welt streng abgeschieden ist, in dem jeder sich und seine esoterischen Forschungen verwirklichen kann – einer lebt als chinesischer Weiser in einem Bambushain. Der musikalisch begabte Josef Knecht wird Meister des Glasperlenspiels, eines meditativen Weihespiels, in dem eine mystische Integration aller Disziplinen versucht wird. Knecht, der das Glasperlenspiel auf eine unerreichbare Höhe bringt, gibt Jahre später sein Amt auf. Er will als Privatlehrer den Sohn seines ehemaligen Schulfreundes Plinio Designori, der früher als Externer in Kastalien war und jetzt in der Welt viel Einfluss und Macht besitzt, unterrichten. Bei einem gemeinsamen Ausflug ertrinkt Knecht in einem Bergsee, seine Leiche wird aber nicht gefunden. Tito, Plinios Sohn, zuvor trotzig und abwehrend, spürt durch den Tod des Lehrers den geistigen Auftrag, dessen

Weg der Aufrichtigkeit gegenüber sich selbst weiterzugehen.

Das Buch erregte nach dem Krieg in Deutschland großes Aufsehen und wurde sogar Pflichtlektüre an den Schulen. Gerade als Alternative zum »feuilletonistischen Zeitalter«, so nannte Hesse die Zeit der Oberflächlichkeit, ist die Gründung einer Eliteeinrichtung, in der nur für die Geistigkeit gelebt werden kann, ein Faszinosum geblieben. Ebenso ist es die Figur des Joseph Knecht, der die alte Sphäre verlässt, die er bis zum Äußersten ausgefüllt hat, um sich einer neuen zuzuwenden.

Geistigkeit

Nachruhm

Während Hesse zurückgezogen im kleinen Dorf Montagnola im Tessin lebte, wurde er als das Gewissen einer durch Krieg, Faschismus und Judenmord desillusionierten Welt angesehen, 1946 erhielt er den Nobelpreis für Literatur und den Goethepreis der Stadt Frankfurt, 1955 den Friedenspreis des Deutschen Buchhandels. Noch in den fünfziger Jahren wurde Hesse von einem konservativen Publikum gerne gelesen, während die Jugend nach ihren Erfahrungen im Krieg und während der Aufbauzeit nach anderer Literatur suchte. Am 9. August 1962 starb Hermann Hesse. Zu dieser Zeit wurde er von der Kritik allerdings nicht mehr gewürdigt, und auch der Verkauf seiner Bücher hatte stark nachgelassen. Er galt als Autor einer überlebten Innerlichkeit.

Konservatives Publikum

Erst die begeisterte Aufnahme seiner Bücher durch die

Hippies

US-amerikanische Jugendbewegung der »Hippies« ab Mitte der sechziger Jahre ließ ihn wieder zu einem großen Vorbild werden. Vor allem seine Ablehnung des Krieges, seine Experimente mit Drogen und seine Rezeption indischer und buddhistischer Spiritualität stieß auf eine aufnahmebereite Leserschaft, die in ihrer Verurteilung des Vietnamkriegs, in Drogenkonsum und Hinwendung zu indischen Gurus einen verwandten Geist spürte, eine Rockmusikband nannte sich sogar »Steppenwolf«. Die Begeisterungswelle zog über die ganze Welt, bis 1977 erschienen 36 Übersetzungen in 23 Sprachen, und kam auch nach Deutschland. Mittlerweile ist Hesse der weltweit meistgelesene deutsche Schriftsteller des 20. Jahrhunderts.

Einordnung in die Literaturgeschichte

Neuromantik

Hesses Werk ist nicht eindeutig einer bestimmten literaturgeschichtlichen Epoche zuzuordnen, zumal er sich auch selbst, z. B. durch manche Passagen seines Romans *Der Steppenwolf*, bewusst einer Einordnung entzog, einmal mehr dem Expressionismus, einmal mehr der Neuen Sachlichkeit zuneigte. Sein Frühwerk, *Peter Camenzind* und auch noch *Unterm Rad*, steht in engem Zusammenhang mit dem literarischen Impressionismus eines Hofmannsthal und Rilke. Für diese Strömung bürgerte sich der Begriff Neuromantik ein, der den Rückgriff auf romantische Stoffe, Motive und stilistische Eigenheiten benennt. Vor allem die Rolle der Natur als Gegenpart zu einer sinnentleerten, technisch geprägten Zivilisation und die symbolisch aufgeladenen Beschreibungen lassen den Begriff als sehr passend erscheinen. Auch in späteren Werken Hesses ist die Anbindung an die literarische Romantik noch gut erkennbar.

Schülerroman

Unterm Rad wurde von Hesse selbst als »Schülerroman« bezeichnet und damit in eine Reihe mit anderen Schul- und Schülerromanen gestellt, die um die Jahrhundertwende z. T. großes Aufsehen erregten. Am bekanntesten sind Robert Musils *Verwirrungen des Zöglings Törleß* (1906), Heinrich Manns *Professor Unrat* (1905), Emil Strauß' *Freund Hein* (1902); auch Frank Wedekinds Drama *Frühlings Erwachen (*1891) gehört in ihren Umkreis. In diesen und vielen anderen Werken der Zeit wurde das Schul- und Erziehungssystem der wilhelminischen Epoche und mit ihm die repressive Gesellschaft, zu der erzogen werden sollte, vehement kritisiert. Vor allem die Erziehung des Einzelnen zu einem gehorsamen Untertanen und das von Hesse auch in anderen Werken beklagte Brechen des Individuums steht immer wieder im Mittelpunkt. In vielen Romanen und Theaterstücken endet die Auflehnung des Einzelnen mit seinem Tod.

Törleß, Professor Unrat, Freund Hein, Frühlings Erwachen

Werktabelle

Frühwerke

1899 *Romantische Lieder*. Gedichte.
1899 *Eine Stunde hinter Mitternacht*. Gedichte.
1901 *Hinterlassene Schriften und Gedichte von Hermann Lauscher.*

1904 *Peter Camenzind.*
1906 *Unterm Rad.*
1910 *Gertrud.*
1914 *Roßhalde.*
1915 *Knulp.*
1915 *Musik des Einsamen*. Gedichte.

Werke der mittleren Zeit

1919 *Demian* (unter dem Pseudonym Emil Sinclair).
1920 *Klingsors letzter Sommer.*
1922 *Siddhartha.*
1927 *Der Steppenwolf.*
1929 *Eine Bibliothek der Weltliteratur*. Rezensionen.
1930 *Narziß und Goldmund.*

Spätwerke

1932 *Die Morgenlandfahrt.*
1943 *Das Glasperlenspiel.*

Werkausgaben

1957 *Gesammelte Schriften*, 7 Bände.
1973 *Gesammelte Briefe*, 4 Bände.
1982 *Gesammelte Erzählungen*, 6 Bände.
1987 *Werkausgabe*, 12 Taschenbuchbände.
ab 2001 *Sämtliche Werke*, 20 Bände.

8. Checkliste

Erstinformation zum Werk

1. Mit welchem Werk hatte Hermann Hesse seinen ersten großen Erfolg?
2. In welcher Zeitschrift erschien *Unterm Rad* als Vorabdruck?
3. Welche Art von Personen beschreibt Hermann Hesse meistens?
4. Welche autobiografischen Begebenheiten liegen *Unterm Rad* zugrunde?

Inhalt

1. Welchen Arbeitsaufwand betreibt Hans Giebenrath, um sich auf das Landexamen vorzubereiten?
2. Wie reagiert Hans auf den Druck, den das Examen ihm bereitet?
3. Wie benimmt Hans sich während des Examens?
4. Wie kommt es dazu, dass Hans auch während der Ferien lernt?
5. Worauf muss sich Hans besonders vorbereiten?
6. Schildern Sie das Kloster Maulbronn.
7. Welche Beziehung besteht zwischen den Schülern?
8. Wie wird der Stoff vermittelt?
9. Wie kommt es zum Tod von Hindinger?
10. Welchen Einfluss hat der Tod auf Hans?
11. Wie bemüht sich der Ephorus um Hans?
12. Wie äußern sich die »kleinen Nervengeschichten«, unter denen Hans leidet?

13. Wie verbringt Hans die Zeit zu Hause, nachdem er von der Schule gegangen ist?
14. Woran erinnert sich Hans im Rückblick auf seine Kinderzeit?
15. Wie ist Hans' Verhältnis zu Emma?

Personen

1. Wie reagiert Hans auf den »Schulstress«?
2. Wie wird Hans von Hermann beeinflusst?
3. Wie wehrt sich Hermann gegen die Anforderungen durch die Schule?
4. Wie sind die Lehrer charakterisiert?
5. Schildern Sie den Unterschied zwischen dem Stadtpfarrer und dem Schuster Flaig.
6. Was ist Josef Giebenrath für ein Mensch?

Die Struktur des Werks

1. Von welcher Zeit wird erzählt?
2. Aus welcher Perspektive wird der Roman erzählt?
3. Was zieht ironische Bemerkungen des Erzählers besonders auf sich?
4. Welche Symbole strukturieren den Text?

Interpretation

1. Welche Faktoren kommen zusammen, die zum Tod von Hans Giebenrath führen?
2. Woran merkt Hans, welche Faszination intellektuelles Wissen ausüben kann?

3. Weshalb ist Leistung so wichtig in dieser Schule?
4. Welche Arten von Religiosität werden im Roman vorgestellt?
5. Schildern Sie einige der mystischen Visionen, die Hans erlebt.
6. Von welchen sexuellen Gedanken und Handlungen wird erzählt, und wie wirken sie sich aus?
7. Wieso kann der Gedanke an den Selbstmord auch tröstlich sein?

Autor und Zeit

1. In welche Abschnitte lässt sich Hermann Hesses Werk einteilen?
2. Welchen Einfluss hatte Hesses Elternhaus auf sein Werk?
3. Mit welchem Werk wurde Hesse berühmt?
4. Wie reagiert Hesse auf das Ereignis, das die Wende in seinem Werk markiert?
5. Skizzieren Sie den Inhalt von *Der Steppenwolf*.
6. Welche Faszination übte Hesses letzter Roman auf seine Leser aus?
7. Warum wurde Hesse in den sechziger Jahren wieder berühmt?

Rezeption

1. Nennen Sie andere Schulromane aus der Zeit um die Jahrhundertwende.
2. Welches Publikum hat Hesse vornehmlich?
3. Ist *Unterm Rad* heute noch aktuell?

9. Lektüretipps

Einzelausgabe

Hermann Hesse: Unterm Rad. Frankfurt a. M.: Suhrkamp, 2002. (stb. 3368.) – *Nach dieser Ausgabe wird zitiert.*

Werkausgaben

Hermann Hesse: Unterm Rad. Frankfurt a. M.: Suhrkamp, 1957. (Gesammelte Schriften in 7 Bänden. Bd. 1.)

Hermann Hesse: Unterm Rad. Frankfurt a. M.: Suhrkamp, 1970. (Gesammelte Werke in 12 Bänden. Bd. 2.)

Hermann Hesse: Unterm Rad. Frankfurt a. M.: Suhrkamp, 2001. (Sämtliche Werke in 20 Bänden. Bd. 2.)

Zur Biografie

Ball, Hugo: Hermann Hesse. Sein Leben und sein Werk. Frankfurt a. M. 1977. (Neuausgabe.)

Hesse, Ninon (Hrsg.): Kindheit und Jugend vor Neunzehnhundert. Hermann Hesse in Briefen und Lebenszeugnissen. 2 Bde. Frankfurt a. M. 1966, 1978.

Kleine, Gisela: Ninon und Hermann Hesse. Leben im Dialog. Frankfurt a. M. 1982.

Michels, Volker: Hermann Hesse. Sein Leben in Bildern und Texten. Frankfurt a. M. 1979.

– Hermann Hesse 1877–1962. Marbach a. Neckar 1990.

Mileck, Joseph: Hermann Hesse. Dichter, Sucher, Bekenner. München 1979.

Prinz, Alois: »Und jedem Anfang wohnt ein Zauber inne«. Weinheim 2000.

Walther, Klaus: Hermann Hesse. München 2002.

Zeller, Bernhard: Hermann Hesse. Reinbek bei Hamburg 1981.

Zum Werk Hesses

Arnold, Heinz Ludwig: Hermann Hesse. München 1977.

Boulby, Mark: Hermann Hesse. His Mind and Art. Ithaca (N.Y.) 1967.

Deschner, Karlheinz: Kitsch, Konvention und Kunst. Erg. u. überarb. Neuausg. Frankfurt a. M. 1980.

Drewermann, Eugen: Das Individuelle gegen das Normierte verteidigen. Frankfurt a. M. 1995.

Hsia, Adrian: Hermann Hesse im Spiegel der zeitgenössischen Kritik. Bern 1975.

Field, George Wallis: Hermann Hesse. Kommentar zu sämtlichen Werken. Stuttgart 1977.

Pfeifer, Martin: Hesse-Kommentar. Frankfurt a. M. 2002.

– Hermann Hesses weltweite Wirkung. 3 Bde. Frankfurt a. M. 1977, 1979, 1991.

Unseld, Siegfried: Hermann Hesse, eine Werkgeschichte. Frankfurt a. M. 1973.

Zu *Unterm Rad*

Esselborn-Krumbiegel, Helga: Erläuterungen und Dokumente: Hermann Hesse: *Unterm Rad*. Stuttgart 2000.

– Hermann Hesse: *Unterm Rad*. In: Interpretationen: Erzählungen des 20. Jahrhunderts. Bd. 1. Stuttgart 1996.

– Hermann Hesse: *Demian. Unterm Rad.* München [2]1988.
Glöckner, Eckhard / Thomas Lange: Materialien: Hermann Hesse: *Unterm Rad.* Stuttgart 1991.
Kuhn, Heribert: Eine andere Todesart. In: Hermann Hesse: *Unterm Rad.* Frankfurt a. M. 2002.
Müller, Michael: Unterm Rad. In: Interpretationen: Hermann Hesse: Romane. Stuttgart 1994.
Pfeifer, Martin: Hermann Hesse: *Peter Camenzind, Unterm Rad, Knulp.* Hollfeld 1991.
Wohmann, Gabriele: Mord durch allmähliche Vergiftung. In: Reich-Ranicki, Marcel (Hrsg.): Romane von gestern – heute gelesen. Bd. 1: 1900–1918. Frankfurt a. M. 1989.

Zur Epoche

Glaser, Horst Albert (Hrsg.): Deutsche Literatur. Eine Sozialgeschichte. Bd. 8: 1880–1918. Reinbek bei Hamburg 1982.
– Deutsche Literatur: Eine Sozialgeschichte. Bd. 9: 1918–1945. Reinbek bei Hamburg 1983.
Leiß, Ingo / Hermann Stadler: Deutsche Literaturgeschichte. Bd. 8: 1890–1918. München 1997.
– Deutsche Literaturgeschichte. Bd. 9: 1918–1933. München 2003.
Riegel, Paul / Wolfgang van Rinsum: Deutsche Literaturgeschichte. Bd. 10: 1933–1945. München 2000.

Anmerkungen

1 Hermann Hesse, *Erinnerungen an Hans*, in: H. H., *Gesammelte Werke*, Bd. 10, S. 211.

2 Ebd., S. 228.

3 Zu sehen u. a. in: Maria-Felicitas Herforth, *Hermann Hesse, »Unterm Rad«*, Hollfeld 2002, S. 77.

4 Zitiert nach: Klaus Walther, *Hermann Hesse*, München 2002, S. 62.